Asgwrn Cefen

Donald Evans

Argraffiad cyntaf—Tachwedd 1997

ISBN 1 85902 591 9

Dymuna'r cyhoeddwyr gydnabod cymorth
Adrannau Cyngor Llyfrau Cymru.

*Argraffwyd yng Nghymru gan
Wasg Gomer, Llandysul, Ceredigion*

Iddyn nhw i gyd

CYNNWYS

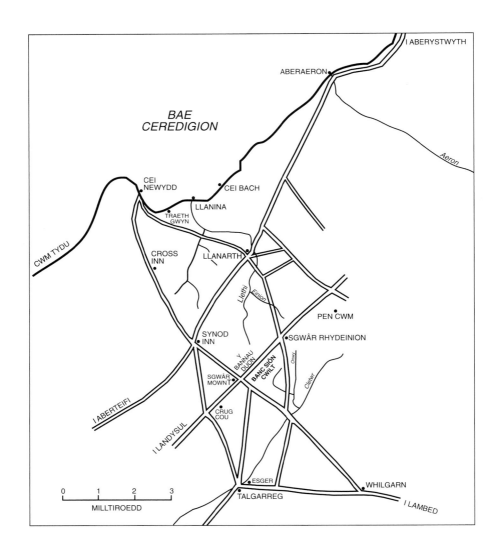

BAE
CEREDIGION

I ABERYSTWYTH

ABERAERON

Aeron

CEI
NEWYDD

CEI BACH

LLANINA

TRAETH
GWYN

CROSS
INN

LLANARTH

CWM TYDU

Llethi

Einion

PEN CWM

SYNOD
INN

SGWÂR RHYDEINION

Y
BANNAU
DUON

BANC SIÔN
CWILT

Clettwr

Clettwr

SGWÂR
MOWNT

I ABERTEIFI

CRUG
COU

I LANDYSUL

ESGER

WHILGARN

TALGARREG

I LAMBED

0   1   2   3

MILLTIROEDD

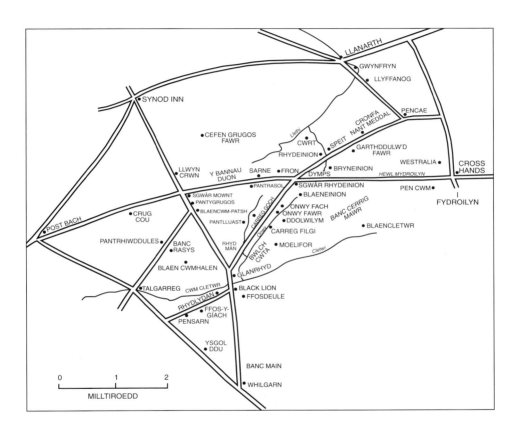

LLANARTH
GWYNFRYN
LLYFFANOG

SYNOD INN

CEFEN GRUGOS
FAWR

CRONFA
NANT MEDDAL
PENCAE

CWRT
RHYDEINION
SPEIT

LLETHI

GARTHDDULW'D
FAWR
WESTRALIA
CROSS
HANDS

LLWYN
CRWN
Y BANNAU
DUON
SARNE
FRON
BRYNEINION
DYMPS
HEWL MYDROILYN
PEN CWM

PANTRASOL
SGWÂR RHYDEINION
FYDROILYN

SGWÂR MOWNT
PANTYGRUGOS
BLAENCWM-PATSH
PANTLLUAST
BLAENEINION
ONWY FACH
ONWY FAWR
DDOLWILYM
BANC CERRIG
MAWR

POST BACH
CRUG
COU
CARREG FILGI
BLAENCLETWR

PANTRHIWDDULES
BANC
RASYS
RHYD
MÂN
MOELIFOR

BLAEN CWMHALEN
BWLCH
CWTA
CLETWR

TALGARREG
CWM CLETWR
GLANRHYD

RHYDLYDAN
BLACK LION
FFOSDEULE

FFOS-Y-
GÎACH
PENSARN

YSGOL
DDU

BANC MAIN
WHILGARN

CABREG GOCH
ONWY

0   1   2

MILLTIROEDD

Dryllio'r Gorffennol

Roedd yr hyrddod ar ruthr dros Fanc Cerrig Mawr y noson honno. Cydgordio, fel erioed, â'r dyheu yng nghnawd y defaid. Trwchus y cyplu dan gysgodion yr hydre: bwrw'r gwanwyn i ofal y crothau. A fflam y llugaeron yn ysu ar draws yr henfyd. Roedd y cynfeddau ar dân. Noson cyffroi cyrff cariadon y Banc . . .

A thoreithiodd yr hydre'n Fehefin o'r Whilgarn hyd dop Rhydeinion. Powt ar wefusau'r awelon a'r tresi aur yn ymchwyddo drwy'r gwres. Ŵyn yn pwtio wrth dethau'r mamogiaid . . . a'r hyrddod yn pori'n ddisymach o'r neilltu. Ac roedd merch lysti yn llofft dalcen Esger Onwy Fawr newydd esgor ar blentyn orenwallt, a bywyd y rhostiroedd yn newid o'u hamgylch . . .

Naw o'r gloch y bore, ddechrau Awst 1940: Anti Jane ac Ifan Blaeneinion yn hebrwng eu mab i'r rhyfel. Dacw nhw: yn cythryblus gerdded i fyny Cae Tom a'r hedydd yn hamddena'i chalon hi uwchben. Dygnu wedyn, dan glydwch ffawydd, i lawr yr hanner milltir am Sarne Gwynion. Rhiw Pantrasol o'u blaen. Anti Jane yn ymhollti wrth sticil y Bannau Duon: taflu'i hunan i'r clawdd; wylofain o'i pherfedd ymhlith y llyse duon bach. Ifan a'r llanc yn dal dros yr hanner milltir arall i Groesffordd Mownt. A chyda'i gilydd ar sgwâr yr haul rhannu ing o funudau disgwyl . . . yna, brathiad y Western Welsh yn dringo rhiw Glanrhos . . . cip ar ei dop gwyn drwy berth ddrain Blaen Cwm Pantsôd . . . y clorwth coch yn swingio i'r golwg ar dro Llwyn Crwn . . . ffarwél ddirdynnol yng nghryndodau'r enjin:

'Cofia hala llythyr.'

'Reit, 'na i.'

Ac wyneb a llaw Lewis, o'r ffenest ôl, yn diflannu ar dro Pantygrugos am Gaerfyrddin a Malta.

Nos o aea. Roedd awyren Jeri'n cylchu . . . cylchu dros ffermdy Esger Onwy. Y clwstwr o goed ffawydd a'i cysgodai wedi'i lygad-dynnu: pellhâi draw, rywle, am ysbaid; yna, dychwelai'r grŵn arswydus at y marc tywyllach na'r nos:

'Ma' fe'n dod 'nôl 'to!'

Stond glustfeiniai'r teulu mewn cegin ddu bitsh . . . ymddirdynnu wrando—yr holl derfysgedd fel 'tai'n clwriwns-ddisgyn i'w plith drwy huddyg y simdde. Ac yn ddisymwth . . . dim sôn amdano'n aildargedu o un o'i enciliadau ffwrbwt. Syfrdan yr aros:

11

'Ma' fe 'di mynd g'lei.'

Wncwl Emrys yn mentro allan i'r clos. Gweld yr awyr yn ffaglu dros fanc Rhydeinion. Trannoeth, cael esboniad: y gelyn wedi bod wrthi'n gollwng bomiau o gylch Cei Newydd yn ystod y nos, ond iddyn nhw gwympo oll ar y creigiau ac yn y môr. Roedd diawlineb yr oes fodern wedi cyrraedd Banc Siôn Cwilt y carnfeddau!

Crebachwyd ei nosau llydan yn glawstroffobia o ddüwch. Blacowt di-rwyll: pob fferm a thyddyn yn mygu o fewn y fagddu. Ond weithiau, jyst weithiau, sleisiai llygedyn esgeulus drwy'r fogfa, ac yna suddo'n ôl iddi ar amrantiad: ennyd o dyddynnwr, draw ar y rhos, yn anghofio cuddio'i lamp mas dan aden ei got ar ei ffordd o'r sgubor i'r tŷ wedi dibennu â'r da am yr hwyr. Ac wedyn 'run mor ddirybudd o graidd y gwyllni, griddfan rhythmig awyrennau Jeri'n croesi'r Banc ar eu cyrchoedd nosol. Yr awyr yn llosgi'n waedlyd dros dop Pensarn tua chyfeiriad Abertawe, a bysedd dychrynedig o oleuni'n palfalu'r tywyllwch uwch y rhimyn o dân.

Goresgynnwyd y Banc gan filwyr Americanaidd â'u lorïau a'u tanciau i berffeithio'u manwfers. Ymlusgai'u hacenion o'r caddug a'u sigaréts yn serennu drwyddo. Codent ofan ar gŵn yr ardal, ac nid ar y cŵn yn unig chwaith: Mair Esger Onwy'n terfysglyd gyrraedd gartre o Glwb Ffermwyr Ifanc Talgarreg:

'Ti 'di bo'n rhedeg?'

'Iancs yn iet Cefengrugos!'

'O'n nhw?'

'O'n. Jyst 'di gad'el Groesffordd Mownt welodd Jano a fi ddote coch 'mla'n. Wrth bo' ni'n dod atyn nhw o'dd shap cysgodion yn iste bob ochor claw'.'

'Welon nhw chi 'te?'

'Sai'n gw'bod. Falle dofe.'

'Be' 'neithoch chi wedyn 'te?'

'Jwmpo dros ben claw' i ga' Pantygrugos.'

'O'ch chi'n saff wedyn.'

'Nag o'n. Gyda bo' ni fyn'nny glywon ni r'wun yn gweiddi "attack".'

'Mowredd annw'l.'

'Ie, a'r peth nesa o'n nhw'n dod dros ben claw', a dechre rhedeg fel milgwn mowr am iet Rhyd'rŵyn.'

'Ble o'ch chi'ch dwy pry'nny?'

'Cwato'n 'rithin.'

'Chlywes i 'rio'd shwt beth.'

'Gyda bo' nhw 'di mynd, o'dd Jano a fi'n 'i gwân hi lawr am Pantrasol, alla i 'weud 'thoch chi.'

Gweddnewidiwyd y Banc gan fyddin arall hefyd. Cyrhaeddodd contractwyr â'u caterpilers, tractorau a'u herydr i ddiwyllio'i gyntefigrwydd. Llarpiwyd eithin a grug y canrifoedd o'u bonau; trowyd eu cymdogaeth felyngoch yn un gorest o frown disgybledig; rhusiwyd y sgwarnog a'r cornicyll o'u cynefin; dinoethwyd cysgodfeydd y defaid a'r ŵyn. Gorchest yr arloeswyr dŵad: gwareiddiwyd rhialtwch yr hafau'n wanwyn syber ar orchymyn y Pwyllgor Sirol. Blagurodd ac aeddfedodd y cyfnewidiad yn gynnyrch unffurf, a landiodd gang o ferched estron i'w grynhoi.

Ac nid dyna derfyn yr ymddieithrio: bu'n rhaid i ffermwyr llariaidd y Banc, o bawb, ryw ledgogio bod yn dipyn o filwyr eu hunain, ac ymffurfio'n rhith o filisia hôm-gard. Fe'u gorfodwyd i gwrdd unwaith yr wythnos, yn eu cotiau caci llaes a'u berets pwrpasol, yn Neuadd Goffa Talgarreg, i ddrilio a derbyn ychydig o gyfarwyddyd ar sut i fod yn sowldiwrs eu milltir sgwâr. Hefyd, aent lawr i draeth Cei Bach, ar dro, i ymarfer saethu lle bu llaw chwith Wncwl Emrys yn syfrdanu'r cynulliad â'i haneliad at fynwes y targedau ger y môr. Yn wir, 'tai'n dod i hynny, gallai nifer go lew o aelodau un garfan arall hefyd o'r ardal dystio, pe bai modd adfer anadl iddyn nhw, am gythreuldeb honno: cwningod fron redyn Esger Onwy.

Ond ar frig y Whilgarn y swatiai cut yr amddiffynwyr bro. Ac yno'r âi pedwar ohonyn nhw bob nos, i gymryd eu tro, i syllu a sefyllian . . . sefyllian a syllu ar dywyllwch y môr yn y pellter islaw. Roedden nhw dan orchymyn i gythru ar eu beics am y teliffon agosa 'tai hap iddyn nhw ddigwydd dal ar y winc leia o oleuni rywle tua llinell y glannau. Ond ni chynhyrfwyd fodfedd unwaith ar un o filwyr priddlyd y Whilgarn gan chwarter fflach o oresgyniad ar arfordir Cei Bach na Gilfach yr Halen, ac ni lusgai pob gwawriad ddim mwy gelyniaethus na chatrawd o wylanod o gyfeiriad y traethau. Felly, bu'n ofynnol melysu oriau'r wyliadwriaeth, heb sôn am awelon borin topiau Gorsgoch, yn ôl pob hanes, gan gêm 'rôl gêm o gardiau a chwpaneidiau pybyr o de yn solas y caban pren.

Ond digywilydd dorrwyd ar undonedd pethau yn ystod un cyfnos o'r hydre pan oedd gwres tynnu tato yn y tir. Roedd rhyw dremiwr cwbwl answyddogol wedi cael cipolwg pendant ar rywun yn llerciangroesi'r rhos yn ardal Mydroilyn â pharashwt yn sownd wrth ei gefen. Nid o gyfeiriad dirgel y môr roedd y llechgi hwn wedi cyrraedd chwaith, os gwelwch yn dda, ond o libart yr awyr, ac yn waeth fyth ynghanol llygad goleuni ymhell cyn awr rondefŵ gwylwyr apwyntiedig y Whilgarn. Seiniwyd corn y gad. Gafaelodd ffagal y canfyddiad yn ffogen cwr y brestydd; fe'i sgubwyd gan awelon y rheini i gynnau'n afreolus i'w cilfachau pella. Noson bigau drain oedd honno: sbïwr dichellgar, o'r diwedd, ar berwyl rhwng Nant Sidyll ac Esger Wen— drama amharu ar gwsg. Ac ni ostegodd heulwen y bore fawr ar gynnwrf y nos chwaith; daliai i dywyllu dychymyg pawb, wel bron iawn pawb 'ta beth:

'Odyn nhw 'di 'ddala fe 'to?'

'Dala pwy, 'chan?'

'Bachan, y Jerman 'na gath 'i weld yn croesi am Rosgoch Fowr n'ithwr, pwy arall.'

'Be' ti'n sharad 'byti, 'chan?'

'Jawl, lle ti'n byw 'te? 'Wy'm yn credu bo' neb 'di cysgu winc ffor' hyn drw'r nos.'

'Gysges i fel top 'no. Pryd o'dd hyn 'te?'

'Marce pedwar 'ma, cyn 'ddi nosi.'

''Na beth od 'te. O'n ni'n dod adre 'di bod yn tynnu tato'n Cwm Coedog pry'nny a shincen am 'y mhen i . . . weles i neb 'fyd.'

Diffoddodd y geiriau yng ngenau'r llall. Roedd y dirgelwch ar ben: o'i flaen, yn rhadlon jicôs fel 'tai dim byd wedi digwydd, safai'r parashwtydd echryslon a droes y nos yn gymaint ellylles yng nghalon y bencydd!

Ond roedd bwganod yr act nesa'n rhai realistig ddigon. Daeth yn orfodaeth ar bob un ar y Banc fod yn berchen ar fasg nwy, jyst rhag ofan. Anfonwyd cyflenwad ohonyn nhw i ysgoldy Mydroilyn i'w dosbarthu ymysg teuluoedd yr ardal. Roen ni'n saith ar aelwyd Esger Onwy, ond dim ond chwe masg a gafwyd; doedd 'run wedi'i glustnodi, mae'n debyg, ar gyfer aelod lleia'r teulu. Ddydd eu cyrhaeddiad, rhaid bod yr olygfa gellweirus a berfformiwyd ar lwyfan y gegin yn un reit sinistr: pob wyneb cyfarwydd yn fodau annaearol, ond Mam yn para i ddal â'r un wyneb ag arfer a'i blwch yn aros heb ei agor ar y ford:

'Alla i'm 'wisgo fe. 'Sdim un 'da'r crwt 'ma.'

Ond wedyn, 'tai'n dod i'r gwaetha, yn yr holl argyfwng di-fasg 'ma i gyd, doeddwn i ddwyflwydd oed mewn whiff mwy o berygl, mewn gwirionedd, nag un arall o gymeriadau ffraeth y Banc a ddigwyddodd gael masg a oedd yn llawer rhy anferth i'w gernau cul:

'Jawl, ma' gwaith ffido 'ma cyn bo' gobeth stopo dim fynd miwn 'da ymyl hwn!'

Ond os penderfynodd Jeri beidio â gwasgaru gronyn o'i nwyon dros drumell Rhosgoch Ganol, ryw noson ddiwedd yr hydre hwnnw fe ddadlwythodd stribed dibwrpas o'i fomiau'n garlibwns ar draws rhimyn ei hymylon. Disgynnodd y gynta yng nghae Westralia, uwchben Mydroilyn, a'r ail a'r drydedd ychydig yn is i lawr ar lechwedd Pen Cwm gan ei rychio a malurio'i sopynnau. Wedyn, eu hapollwng hwnt ac yma ar hyd y gorwel o Rosgoch Fach i Flaencletwr, ac ymlaen dros y terfyn o gylch Nant y Gwydde a Rhyd Sais. Ar yr union orig honno, roedd un o wragedd y Banc yn digwydd bod ar ei ffordd i Dalgarreg i ymweld â chyfeilles; yn ddisymwth dyma gyfres o daranau bomiog yn ymddryllio ar hyd top Pensarn, a dyna gymryd y rhiw ar ruthr nes cyrraedd lloches y pentre. Pan gyrhaeddodd gartre'n ddiweddarach, ac adrodd am wyniasedd yr antur wrth ei gŵr, fe'i rhyfeddwyd gan gallineb prennaidd yr ymateb:

'Ond pam na fyset ti 'di troi miwn i Esger yn lle dala 'mla'n i'r pentre?'

'Bachan, bachan shwt allen i ar y sbîd o'n i'n mynd pry'nny!'

Yn nadwrdd a chryndodau'r blits, dianc fu greddf llawer o ddychrynedigion eraill y fro hefyd: bollt tua'r cwtsh-dan-stâr, cwrs am noddfa'r rhic wair, deif i ddiogelfeydd-tan-fyrddau. A'r noson honno, reit draw dan gribell y Banc, roedd 'na bicellau o fflamau yn dychlamu'n agos agos o finiog.

Roedd awchlymder y tân hwnnw fel rhagarwydd o'r fidog o newyddion oedd i hollti'n fuan drwy fynwes Esger Onwy. Ac un bore cyn i'r creithiau ddechrau rhyw lasu dros olosg y gororau, dyma bostman tirion y Banc yn dod â theligram o angau i'r drws: Ifan Tom, Glan Graig, Llangrannog, wedi boddi ar y môr; y llong fasnach roedd arni wedi'i suddo gan dorpido. Blast o damaid papur! Rhyw

Ifan Tom, Glangraig, Llangrannog, a foddwyd ar y môr yn ystod yr Ail Ryfel Byd.

15

dair wythnos ynghynt ffarweliai â'i dad-cu a'i Wncwl Ifan ar glos Esger Onwy y bore roedd yn dychwelyd i'r môr ar ôl ysbaid o *leave*: dyhead gwennol yn ei lygaid a'i sglein ar ei wallt fel yr esgynnai heibio iet Cae Tŷ Pair am dop y lôn, ar gychwyn y mudo, â chwarddiad o addewid dros ei ysgwydd i'r ddau syllwr pendrist y dôi'n ôl o'i grwydradau â thrysor y trysorau o faco iddyn nhw, digon i'w cadw i gnoi'n ddi-stop am fisoedd bwygilydd. Ond dim ond rhith grintach yn unig o'r adduned a hedfanodd yn ôl, rhith bapur o'r wennol haelionus ar waelodion Iwerydd. A draw, o fanc Esger Onwy, roedd yr haul yn difa'r môr am filltiroedd, a thyddyn Blaeneinion ar gwr y weun yn ynys o sgrechfeydd awyrennau dan gawodydd o fomiau.

Ac roedd rhagor o fflamau ar y ffordd. Un prynhawn, flwyddyn yn union wedyn, â'r ffermydd wrthi'n crynhoi tato unwaith yn rhagor, rhwygwyd llygaid y cymdogion o fwrlwm rhychau Rhydlydan a Phant Lluast: roedd enfawr o awyren yn mygu'n anafus uwchben ac yn ubain-beswch ei llwybyr i gyfeiriad Rhosgoch Fawr. Ei gweld yn cylchu'n ddolurus dros gaeau Blaencletwr . . . yn ymegnïo godi'n llesg dros frig y clawdd ffawydd ar bentir Ddolwilym . . . a'r aden chwith yn cofleidio'r cangau mewn colofn o fflam. Greddfwyd y rhythwyr i ruthr: lawr â nhw o fanc Rhydlydan fel torf o sgwarnogod drwy hesg-frwynach Cwm Moelifor am dop y llether. Cyrraedd: yr awyren yn wenfflam, un asgell fel cwlltwr yn ddwfwn ym mol y clawdd, y llall fry'n cyllellu'r awyr, dau o'i chriw wedi llwyddo rywsut i ymlusgo o'r infferno a thynnu un arall clwyfedig rhyngddyn nhw i ddiogelwch y glaswellt. Hwnnw'n ochain ar y ddaear, tra pwyntiai'r ddau arall mewn gwewyr tua phen blaen y goelcerth. Ac yna, ei weld drwy agennau'r tân: drychiolaeth o beilot a'i wyneb sialc yn gwyro dros y llyw . . . yn dal i rythu . . . rhythu i hunlle'r coed. Ond roedd yno un ymysg y gwladwyr cegrwth a wyddai dipyn am ddirgelion awyrennau o ganlyniad i'w brofiadau yn y Rhyfel Mawr. Llwyddodd hwnnw i ryddhau'r marw o'i strapiau cyn i'r eroplên chwilfriwio. Mor felyn ei wallt ac mor las ei lygaid ar wyrdd y borfa! Tynnwyd dwy iet o fylchau'r banc i'w defnyddio fel stretshers i gario'r corff a'r archolledig i lawr am glos Esger Onwy.

Dyna orymdaith: grŵp o gludwyr gwledig, celain luniaidd ar wellt un glwyd, llanc yn griddfan ar y llall, a dau awyrennwr drylliedig yn cydhercio â'r cyfan. I lawr dros y goriwaered a'r dwylo'n garcus dyner o dan y ddeufaich; drwy Gae Pwll, ond yn sydyn, ar waelod hwnnw, torrodd ennyd o ddisgord ar lyfnder y cludo: roedd y cwynfan o'r gwely

Wncwl Ifan a Mair Esger Onwy. Clawdd ffawydd banc Ddolwilym, lle cwympodd yr awyren, yn y cefndir.

gwellt wedi peidio . . . doedd arno bellach ond dau lygad di-siw yn syllu . . . delwi ar lesni'r eangderau. Dygnu drachefn ar hyd y weun a'r ddwy lidiart mwyach yn ddwy elor. Dros lechen Onwy, ac i fyny dros y llechwedd am sgubor y ffarm. Ac yno ar dangnefedd gwâl o wair y gosodwyd y meirwon i aros am yr ambiwlans i'w dwyn ymaith. Cyn pen fawr o dro, roedd y clos yn ymnyddu gan ardalwyr chwilfrydig: yr hollfro'n awyddus i gael golwg ar y sgerbwd draw ar yr ael gyferbyn. Hefyd, trowyd cegin Esger Onwy'n dŷ gwylad gan y pedwar gwyliwr nosol a gymerai'u tro'n barau i gadw llygad arno. Wncwl Ifan beniog yn aros ar ei draed i sgwrsio a storïa â nhw, o shifft i shifft gyda'r oriau, tan i ymylon y blacowt ddechrau llwydo. A Mam ac Anti Mag, wrth ddeffro'n awr ac yn y man drwy'r nos, yn clywed Saesneg moethus dan drawstiau Cymreig y gegin: yr hen fywyd wrthi'n ymddieithrio, yn troi'n rhyw estron bach bygythiol yno ar eu haelwyd eu hunain.

Ond, drwy'r cwbwl, gwamal fu'i sgitsoffrenia ar y cychwyn. Doedd yr afiechyd ddim wedi cydio o ddifri yn ei ymddygiad, hyd yn hyn, dim ond wedi'i ryw ledorffwyllo'n achlysurol. Mynych ddychwelai o'i byliau cawdel i serennedd yr hen arferion. Ac yn ystod yr adegau hynny, roedd yn bresenoldeb cyfarwydd unwaith eto, a'r hen ddiddos-rwydd fel pe bai'n ddisyflyd drech na'r drycinoedd cyfoes.

17

Y ceffylau'n dychwelyd gyda'r hwyr o dalcwaith y dydd. Eu gwarrau'n mygu wrth eu diharneisio. A'r tuth o syched i lawr dros y gripell am y pistyll ar fron dan tŷ.

Roedd yn amser gollwng eto: Wncwl Emrys wrth y ceffylau ar y clos. Yr un slap o anogaeth ar eu crwperau i gyfeiriad y dŵr a'r un ymateb yn dilyn. Ond, y tro hwn, â chil ei lygad eu dal yn fferru'n bwt ar ben y dalffen, gan rythu am y pant. Yr ymddygiad yn deffro'r chweched synnwyr: gweiddi tua'r tŷ a oedd rhywun wedi gweld y chwilotwr bach yn ddiweddar, a chael ateb nacaol. Rhedeg am dop y fron fel y cychwynnai'r pedwar ceffyl ar eu herfa am y goriwaered. Prin eiliad i ganfod achos y cythrwfwl: caseg felen Ddolwilym a'i hebol wedi tresbasu drwy glwyd yr afon ryw ddeugeinllath i mewn gyda'r godre, a cheffylau Esger Onwy'n ynfydu am erlid y ddau'n ôl i'w tiriogaeth eu hunain . . . ond roedd crwt teirblwydd yn cyrcydu-chwarae yn yr afon, lathen tu mewn i'r iet gul, yn union ar ganol llwybyr yr ymlid. Ras rhwng dyn a cheffylau i lawr dros y llether, ac erbyn hyn y gaseg felen a'i hepil wedi synhwyro'u perygl ac yn ei goleuo hi am eu hadwy, a'r teirblwydd yn dal i gael yffach o sbort yn y dŵr. Wncwl Emrys yn cyrraedd y llechen ryw ddeugam o flaen y rhyferthwy a gorwyntai'n ddall ar ei war chwit gyda'r postyn pella. Crafangiad mewn braich! Sgubiad o'r neilltu! Tunelli o gyhyrau, gorffwylledd o garnau, dannedd o sgrechfeydd yn tasgu'r ffrwd yn deilchion o'i gwely yng nghyfyngdra'r bwlch: cyfnos gwâr o Ebrill, rhyfeddod nant a theiffŵn o geffylau'n ymwallgofi drwyddyn nhw.

Wncwl Emrys a'r ceffylau'n torri llafur. O'r chwith: Dic, Star a Mali.

Afiaith golchi defaid yn creu Mai ym Mhantrhiwddules: soniaredd y praidd yn ymffurfio'n haul o redyn dros y dyffryn, cathlu'n adar gwyrddion ymysg y dail, golchi'n deid o lesni at gern y bronnydd. Yna, anfoddog drochioni'r llyn. Ac ymhen whap, esgyn ohoni, dan berswâd yr ast, yn cannu o weddnewidiad, pyncio'n gudynnog am adre a gado'u creadigaeth yn pefrio'n wyryfol yn y tes.

Dôi'n adeg sbaddu'r ebol blwydd. Shincin Moelifor yn edefyn-agor y ceillgwd ag ellyn, tynnu'r cerrig sgleiniog i'r golwg, cydio yn eu gwreiddiau, aseru drwyddyn nhw a'r peli'n cwympo'n slachtar ar lawr y stabal. Mewn cetyn, roedd yn orchwyl torri'i gloren: Wncwl Emrys yn dal honno i fyny, Shincin eto'n ei chryno gynnwys yn rhigol hanner isa pren ei offeryn, ac yn defnyddio mantes ei chwe throedfedd i gau cyllell hanner crwn y darn ucha'n glep drwyddi. Sŵn y madruddyn yn cratshan a'r sbwdyn yn saethu gwaed. Gwasgu talp ò wlân cotwm am hwnnw, clymu haenau o fandej amdano, a throi'r ebol allan i'r fyrgwt geulo yn y gwres gan gadw llygad ddeuddydd am arwydd o ddiferlif coch drwy'r cyfan.

Cae Iet-haearn yn llathru fel rhipyn o draethell dan glampen o leuad fedi. Bodau lledrithiol yn llithro drwy lanw o sgubau a'r rheini'n siffrydian i'w cyffyrddiad. Weun Dywerch, gyferbyn, yn llannerch arian a'r sopynnau'n ymsythu'n ddelwau at y lloer. Mân oriau o hud! Ond y wawr ddiarwybod o'r tu hwnt i'r Whilgarn yn noethi'r cyfaredd, a phedwar medelwr o flinder yn ymlwybro tua chlos y godro.

Roedd y chwilotwr wedi synhwyro rywfodd, neu efallai ddal ar ryw hanner achlust neu'i gilydd, fod 'na rywbeth ots i arfer ar droed yn y sgubor y bore hwnnw o hydre. Ymdeimlad a grefai archwiliad: neb ar y clos o'r diwedd, a'i drws ar gil agor, gyda chuddleisiau'n sleifio ohoni. Gwiweru ar ongl o risiau'r cwrt ar draws y buarth amdani. Sbecian i'w gwyll . . . cawr mewn cot hir lwydfrown yn torsythu ar ben y garn dato a gordd yn ei law, anner goch yn sownd wrth benwast yn gwylaidd sefyll odano . . . yr ordd yn disgyn â chlec bŵl ar seren ei thalcen . . . hithau'n syfrdan-siglo uwchlaw'r gwellt . . . y sbeciwr yn greddfol gilio'n ôl . . . seremoni lladd oedd hon.

Banc o berl yn llathru dan heulwen Nadolig. Whilber newydd yn ratlan ar hyd y clos: tegan a luniwyd o focs sebon yn arbennig at yr achlysur gan Dafi Bryn. Y pren o sglein camrig, yr olwyn bitw'n crenshan ar fflint y rhew a rasb yr awel yn cochi'r gruddiau.

Nosweth gwynt-chwipio-glaw. Gwenai cysur o fflamau yn y grât. Minnau'n chwaraeach-eistedd ar stôl fechan wellt wrth ddrws y gegin yn wynebu'r simdde lwfer. Honno'n ymddangos yn ddiddan o gyflawn—y teulu'n llanw'r ddwy sgiw bob ochor. A'r gwynt yn para i'w harllwys hi ar y ffenest.

Mam yn mynd i nôl y gwartheg o dop Fron Eithin ar fore trip y pentre. Oedi yno yn eu cwmni am ysbaid i wrando'u pori dan sidan y wawr. A'r cyrchu hedegog wedyn drwy Gwm Cletwr i gwrdd â'r bỳs: cwningod yn sgathru i'w tyllau a'r haul yn distyllu drwy ddeilwe'r dorlan.

Roedd anian benrhydd y Banc yn cael ei hyweddu eto yn arena Cae Tŷ Pair tu ôl i'r beudy: cwlffyn o ebol yn gwrthryfela yn erbyn mesur dwyraff yn nwylo gefelaidd Dafi Bryn ac Wncwl Emrys. Yr ysbryd yn ceibio'n hyrddiol am y libart coll, ond y rhaffau mor ddi-ildio ar fater y sgôp: yn digyfaddawd ddwyn stranc-ar-lam-ar-stranc i blwc o derfyn, ac ar ddamwain dro i herfa o godwm. Yn raddol bach y sialens yn pylu . . . pylu i bytiau o sbonciadau ysbeidiol, mellt y golygon yn claearu a dawns afreolus y carnau'n diffodd i waseidd-dra arwain. Ond doedd ei dreialon ddim cweit ar ben eto; roedd un seremoni go feichus arall i'w chyflawni cyn y byddai'n bacar ar gyfer y tresi: halio, mewn harnes, bishyn trwm o bren ar ei ôl, dan branc yr haul, nes ei derfynol ddisgyblu'n dynnwr. Roedd angen yr ifanc ar y maes: dalm ynghynt bu'n rhaid i Wncwl Emrys arwain Mali sgwat-weithgar i ben y lôn i gwrdd â'r lorri goch— gangrin yn bwyta'i choes ôl. I fyny yn y tincart, bwled drwy'r ymennydd yn rhoi llorfa o derfyn ar ffyddlondeb hyd lesgedd.

Stres wair. Dim ond Dad-cu a'i ŵyr bach ar ôl yn y tŷ. Brwysgedd y prynhawn ar fin ei lethu e, a sigl hepianus blaen y ffon yn erbyn y gader wedi hen swyngysgu'r llall.

O'r chwith i'r dde: Mam, Dad-cu ac Anti Mag ar glos Esger Onwy Fawr. Y sgubor a chornel tŷ pair yn y cefndir.

20

Daliai Mam a May Ddolwilym i gwnsela wrth y pistyll. Draenen wen yn gwyro ag aroglau eirin gwlanog drosto. Paff helyg o baradwys dano. Un stên yn orlawn, y llall yn goferu'n ddiddiwedd ac amser ymhell ar ei drafael yn rhywle arall.

Ond nid un i ddiderfyn anghofio cylch y pistyll oedd y treiglwr hwnnw. Gofalodd am ddychwelyd i gydgynllwynio â natur ei gyfnod: ailbrocio'r distryw yng ngho'r hen gydnabod, ac o ystryw i ystryw ei wallgofi'n gyrbibion y tro hwn. Dechreuodd ei bedwar ugen mlwydd a saith, o'r diwedd, ddadelfennu cadernid Dad-cu, a chlefyd y shwgir edwino ffrâm sensitif Wncwl Ifan. A bu'n rhaid i Mam gadw gwely am dri mis gan glwyf ar ei chylla. Wedi i bawb fynd i'w gwelyau am y nos, roedd naws angau'n cyniwair drwy'r hen dŷ: Mam duchanus mor ddinerth â brwynen ar wely'r parlwr, dwy botel foliog felen o bowdwr gerllaw at yr ylser; minnau'n swatio'n gwsg-effro i esgyrn ei chesail rhag ofan iddi ddigwydd marw cyn pob toriad gwawr; tristwch traed Wncwl Ifan yn disgyn y grisiau i ail-lenwi'i jŵg ddŵr am weddill y nos, golau'i gannwyll yn fflicran gydag ymyl y drws fel y trôi o'r cyntedd am y llaethdy a'r stên; llais bariton Dad-cu yn annaearol dorri allan i ganu o berfedd y tywyllwch deirnos cyn ei farwolaeth—pob un ohonon ni'n oerllyd stond yn ein gwelyau, a'r llais crynedig ddwfwn yn echrysu'r dûwch:

> Gwaed dy Groes sy'n codi i fyny
> 'R eiddil yn goncwerwr mawr
> Gwaed dy Groes sydd yn darostwng
> Cewri cedyrn fyrdd i lawr;
> Gad im deimlo
> Awel o Galfaria fryn . . .

Wedyn, cyfres o sgathriadau teiers mewn rhaeadrau o law'n datgymalu'r cyfan:

Rhythu drwy grochlif Mawrth o drothwy Esger Onwy ar fudandod coffin Dad-cu mewn hers ar y buarth . . . a hwnnw'n crafu gychwyn i ffwrdd ar y graean . . .

'Run glaw'n hydrefol ddiwel dros y Banc; minnau yn ffenest llofft Ddolwilym y tro yma, yn sgwintian yn groes ar dwr o geir sgleinddu eto ar fuarth Esger Onwy . . . a'u gwylio'n rhygnu i fyny'r hewl fach, dan derfysg pistylloedd, ar ôl arch lonydd Wncwl Ifan . . .

A'r un glaw yn gerwino eto fyth . . . nentydd melynlif o rediad y lôn yn rhigoli rhwng y cerrig . . . y buarth yn gatastroffi o ddieithriaid . . . rhywun ar ben cart yn gweiddi'n ddi-stop drwy'r dilyw a morthwyl bychan yn ei law . . . buwch ar ôl llo ar ôl caseg yn diflannu â phob cnoc i berfeddion trycs . . . rheini'n chwyrnellu i ffwrdd drwy'r stecs . . . y glaw'n dal i ffusto a'r ffrydiau brown i erydu. Hwyrddydd miniog o dawel: dim tato'n ffrwtian o'r tŷ pair; dim rhygniad sgrafell drwy ddrws y stabal; dim gweryrad fach o ddisgwyl am ysgub o'r dowlad i'r rhastal. Dim ond cwpwl o fuchod ar ôl yn gogordroi wrth ddôr y beudy, a hynny oedd yn weddill ar wacter yr aelwyd wedi'u hagor i'r byw gan yr amgylchiadau danheddog.

Dal Ati

Gwenau o fis oedd Ionawr 1944, ac eto ambell gilwg o awel yn bradychu'r haenen o diriondeb ar bilen ei lygad. A than yr hynawsedd dan-din hwnnw y mudodd Anti Mag, Mam, Mair a minnau (roedd Wncwl Emrys newydd briodi), dri lled cae o Esger Onwy Fawr gant a deg o aceri i Esger Onwy Fach ddeg cyfer ar hugen. Tri lled cae, ond cyfandir o hiraeth yn gwahanu'r dair oddi wrth eu Honwy Fawr; hiraeth a finiogid yn ddyddiol gan addfwynder yr hen lecynnau'n dechrau glasu drachefn dros glawdd y ffin. Ond drwy'r cwbwl, roedd cyfran fitw o fywyd y rheini gyda nhw ar ôl o hyd i ymuniaethu â'r gwanwyn: ychydig fuchod, Fflei a Fflo a'r gaseg Star; y gwartheg gleision llyfndew, Blue Albion, wastad yn caniatáu i mi gosi'u talcennau yng nghornel Cae Bach; y ddwy ast ddugyrliog fronwen yn llithiad cyson am sbri o sgowt i fysg anialwch y cwningod ar y Weun; y gaseg frowngoch seren-ar-dalcen yn drot-weryrad o groeso o gil Cae Canol bob tro'r awn drwy iet Cae'r Ydlan. Ond och, byr fu parhad y sgowtian a'r anwyldeb fel ei gilydd.

Roedd Esger Onwy Fach yng ngrip hirlwm: y tai mas yn berwi gan lygod mawr a'r caeau'n llidus dan ddannedd y da godro, dau argyfwng yn gweiddi am sylw. Prynwyd cyflenwad o Rodein i ddifa'r llygod: yn nosol serennai hwnnw'n ddengar ar lawr y sgubor a than ddrws y stabal. Codai syched angheuol ar lygod, ac yn ebrwydd roedd eu celanedd chwyddedig i'w canfod yn cuchio yng nghonglau'r ydlan, cefen y twlc a brwyn afon Onwy. Ond, ar un o'r nosweithiau hyn anghofiwyd cau hanner ucha drws y sgubor ac, wrth gwrs, ni bu Fflei a Fflo ystwyth-fusnesgar yn hir cyn canfod y llithrad. Trannoeth, roedd y ddwy'n ymlusgo'n gwynfanllyd o gylch y buarth, a chyn nos yn gyrff anhyblyg o dan hen feinder ceffylau yn y slip.

Ac roedd hithau Star ffroen-felfed wrthi'n lladrata'i shâr o borfa dan weflau'r gwartheg. Un bore, er cythryblus benbleth i mi, aed i'w nôl o Gae Canol a'i chau yn y stabal. Cyn amser cinio, wrth chwarae ym mwlch Cae'r Ydlan, clywed rhywbeth yn chwyrnu-ddringo ar riw Rhydeinion, a gweld cnwcyn o drwyn yn ymddangos ar y top. Ac yna'r tryc brownllyd yn dod ar ein hewl ni i lawr o'r Groesffordd fel rhyw glorwth o fwystfil gan hyrddio a chlatsho'n lletchwith yn erbyn y ffawydd wrth ddod. Ysgwyd-nesu at ben y lôn. Arafu hyd at lusgo. Crychu'i dalcen am y glwyd: sylweddoli'i bwrpas—brath sgiwer drwy fôn stumog. Disgynnodd mewn rhuad o ratl tua'r clos am ei ysglyfaeth. Uchel gyrcydodd wrth ddrws y stabal, gan agor . . . agor ei safnau. Ac yno, heb ennyd o strygl, crwn-lyncu fy Star oleuwawr i'w dywyllwch. Ymbalfalu-rwnan wedyn i fyny'r lôn ac ar hyd yr hewl gan lusgo'i gynffon o'i ôl nes i'w grwmp suddo'n ôl dros dop Rhydeinion i'w ffau. Trannoeth, dod o hyd i un o bedolau Star yn rhydu yn y glaswellt nid nepell o ddwy graith bridd yng nghornel cwningod Cae Bach. Ac ar y pryd roedd contractwr â'i Fforden fach wrthi'n persain aredig y banc yn stremwynt Mawrth.

Ond ymhen deufis, gwenai buarth, lôn a chaeau Esger Onwy Fach yn ysgubol gan dresi aur, gydag ambell ddraenen wen yn llachareiddio rhwng y doreth, eu sawr gusan yn lled-ddrifftio dros y tyddyn a'u goleuni'n prin sgafnu'r cyfnosau. Meinwe o ffawydd wedyn yn cyhwfanu, byth a hefyd, o ben y lôn i sgwâr Rhydeinion, a blewynnau egin yn ddiferion gwyrdd dros fraenar y banc. Yn annisgwyliadwy, ymnyddent yn llyn isel ar hyd-ddo, a'r un mor ddisyfyd, ymgyrlio'n llanw orenlas am frig y cloddiau.

Rhyfeddod fy nghynhaea cynta: tractor llafurus yn tynnu . . . tynnu gwyrth o feinder drwy fôr o aur; cyllell wib-anwel yn clatran ym môn y calaf; gwyngylch ar wyngylch o freichiau'n cofleidio'r tywys i'r mecanwaith; y garddyrnau'n eu taclus fwndeli; y gorden yn ymddirwyn o'i bocs coch ar yr ymyl; bysedd haearn yn lledrithiol glymu; stympiau o ddwylo'n sydyn-hyrddio ysgub 'rôl ysgub i'r sofol â chysondeb syfrdan. Ond O! mor ddyrchafedig y breiniol a gâi eistedd ar sedd y beinder. Yn cael gwynfydedig o reid rownd a rownd y tonnau llafur: y cefen ar y stacano a'r llygaid yn gwledda ar firaglau'r peiriant. Weithiau, gwaeddai'n arglwyddaidd ar yrrwr y tractor i aros, hwnnw'n gwylaidd ufuddhau ar amrantiad: y bysedd haearn newydd gael eu llethu-ddrysu gan ormodedd corden, wedi'u syrffedu â'r holl gawdel am ysbaid, neu'r gorden wedi torri rywle ar ei thrafael, a hwythau'n manteisio ar y cyfle i sgwlcan mymryn o hoe. Ond doedd dim gobaith gyda nhw ddwgyd mwy nag ychydig eiliadau o seibiant ar y gorau cyn i'r breintiedig eu ryportio. Onid oedd mewn delfryd o safle i eryr-ganfod unrhyw fisdimaners o'i orsedd falch? Brad y ffrwd o ŷd yn rhimynnu-glepian otano; y stacanwyr yn mwstro i'w chodi a'i haildaenu ar y cynfasau; y gyrrwr yn datgawdelu neu ailglymu'r gorden; y gorseddwr, am unwaith, yn gorfod disgyn ac yn weindio'r chwaledig i gymell y bysedd i'w glymu'r tro hwn: y rheini'n cydsynio erbyn hyn a'r dwylo pwt yn cael chwyrn help braich y gyrrwr i fwrw'r sgubau gorffenedig. Gwrthrych f'eiddigedd yn ailesgyn i'w aruchelder a'r holl brosesiwn yn cychwyn drachefn ar ei siwrnai o gyfaredd.

A pharhâi'r stacanwyr i wyro . . . cario . . . asio arni, a'r tryblith sgubau'n ymffurfio'n bedeiriau twt i fyny am bentalar. Cawn innau ymhonni bod yn stacanwr hefyd: stryffaglio-lusgo ambell dinfras bob hyn a hyn, sbrigyn o sgallen yn tanbeidio'r bysedd weithiau a'r tywysennau cnotiog yn gloywi'r dwylo'n bwmpiod bach gwydn. Ar siawns, câi'r beinder bwl cyfrinachol o daflu ambell ysgub rydd: greddfol oedd ymateb y stacanwr nesa ati i'r fath hitsh—plygai i anwesu'r annibendod yn uned siapus, tynnu stribed ohoni a'i dwistio'n rheffyn, ei chylchynnu â hwnnw mewn shiffad a'i droi-dan-wthio'n gnepyn o gwlwm: gweithredu oesau o gelfyddyd mewn winciad fan'no dan sgrytian beinder. Wedyn . . . gosgeiddrwydd o ddrama arall lawn gyn hyned ym mherfedd yr ŷd yn gwyniasu sylw: roedd ein llafnen o ast wedi sgapio rhithwib cwningen drwy'i ddyfnder ac yn cymryd aden ar ei thrywydd: brigdorri'r swel fel llamhidydd gwinau wrth ddal i gadw'r follt gyfrwys-isel ar ei threm . . . ac yna ffit o banig yn gwawchio draw yng nghalon y cefnfor . . . rhythm yr hediadau'n chwalu'n ddryswch o chwilio'n-yr-unfan . . . a'r gota wedi hen rubanu i drwch ei chynefin.

Dau o'r gloch, a golygfa arall eto'n gwefrio diwrnod nad oedd diwedd ar ei newydd-deb: Anti Mag mewn brat liw blawd yn hwylio drwy iet y banc â basged lieinwen mewn un llaw a stên yn sgleinio yn y llall. Roedd yn amser dathlu yng nghanol y stacanau; pryd o fwyd ar aelwyd o rawn. Pawb yn eistedd ar ffwrwm gron o sgubau o gylch y stên a'r fasged, saig o foethau syml ar bob plât ar ford y sofol, te brownolau felys hyd fyl y cwpanau a ffresni'r corsennau'n iasu archwaeth. A'r holl glebran am gynheufeth y cnwd a delfrydiaeth yr hin:

'Pishyn da o lafur fan hyn 'leni.'

'Dyw e'm 'di mynd lawr 'nunman, odi e.'

'Y go's ddigon byr, ch'weld.'

'Ma'r brig yn galed 'fyd. 'Drychwch ar hwn nawr.'

'Ha sbeshal.'

'Barith 'i 'to am sbel 'fyd.'

Ac o sôn i sôn cynheufus drifftiai'r egwyl ymlaen yn swît dros ymylon gorffen gwledda, neb fel 'tai'n awyddus i godi a thorri ar rin y cylch yn y cysgod gwisgi. Talcen o ŷd yn dal i swyn-siffrwd droston ni; dau globyn o beiriant yn pendwmpian yn ymyl; y ddaear yn frith o sgubau; cronglwyd o awyr lasfirain uwchlaw, a Bae Ceredigion yn gorweddian mewn hanner cylch asur o gyntun odani.

Dridiau'n ddiweddarach, dychwelyd i'r banc i sopyno: yr awel ar ei pherffeithia a'r haul yn cymell crefftwaith. Bwrw iddi gynta gallem i gario 'nghyd. Pentwr o sgubau'n crynhoi o amgylch pob sopynnwr. Rheini'n dechrau arni'n hamddenol ddiwyd: rhyfeddwn at geinder syml yr adeiladu—y sgubau'n ymglosio'n gylch ar gylch o gorffolaeth solet . . . yn culhau'n rheffynnog . . . a chyrraedd diweddglo meinber ar y brig—artistwaith o helem fach. Wrth edrych yn ôl, y noson honno, fel y gadawem y banc, a chysgodion y cynhaea'n ymlapio amdano, mor lluniaidd y rhodresai'r rheng o byramidiau fry dros felyndra'r gorwel. Ond llwynog y machlud cringoch: fore drannoeth ymlidiai llengoedd o'r Iwerydd y deheuwynt o'i deyrnas, dadfolltio cyrch gloywfain ar y gaer sopynnau a hyrddio blast o warchae am ddyddyn Esger Onwy. Syllai'r men'wod yn amal . . . amal o'r ffenest ar ffyrnigrwydd y trais a'r fflangellu'n torri'n bryder diymadferth i'r bywyn. Ac roedd gormes distaw'r cawodydd ar y to'n cythryblu cwsg drwy'r nos . . . ac eto drannoeth roedd gwawr o ddeheuwynt wrthi ffŵl pelt yn erlid yr anrheithiwr dros y gororau ac yn adfeddiannu'i thiriogaeth. Os dofe 'te, i fyny â ni, ar ein codiad, fel adar am y banc er gwaetha'r olygfa o ddifrod a'n disgwyliai: nifer helaeth o sopynnau'n llorfa yfflon; amryw eraill yn gwegian ar sliw; a rhai ddim gwelltyn gwaeth—wedi sefyll gwaetha'r gorthrymydd. Gollwng iddi'n strêt i shwrlo dan ysbrydoliaeth yr haul: datod y sopynnau a gosod y sgubau i bwyso'n ddwy a dwy ar ei gilydd ar draws yr hytir. A'u gadael yn glystyrau llidus i'r gwres a'r awel o'r Whilgarn i chwythu iechyd drwyddyn nhw.

Diwrnod cywain!

'Ma'r sgube 'ma 'di sychu'n champion.'

'Dim tamed gw'ath g'lei.'

Ac mor wresog y tincial-suent gydol y dydd wrth eu codi i'r treiler. A'r llwythwr yn carcus gynllunio'i adeilad o'r pen i'r gwt: darlun o urddas bob tro oedd hwnnw'n gadael y banc, ac yn treiglo i lawr am y tyddyn o fewn modfeddi i'r canghennau ffawydd:

'Llwyth pert, 'chan.'

'Ma' fe. Gw'mpith hwn ddim.'

'Na, gyrhaeddith hwn yn saff!'

Ac yn yr ydlan tyfai'r helem o lwyth i lwyth, yn bensaernïaeth dan benliniau Morgan Sarne. Llinyn-hedai'r sgubau o'r treiler yn braff osgeiddig gan ddisgyn, bob smac, ryw droedfedd tu ôl i'w sgidiau. Yntau'n eu cariadus batrymu dan ddeulin yn rhan o'r cyfangorff fel y siwrneiai ar ei daith gylchdro i fyny'n un ag e: y trwch yn sensitif fwcho fymryn ar fymryn am allan nes dod at y canol, ac yna'n cywrain 'dynnu miwn' wrth oleddu tua chyfeiriad y brig. Daliwn f'anadl wrth wylio'r llechwedd hwnnw'n teneuo . . . deneuo fry yn y gwagle, a Morgan yn clòs ymnyddu o'i amgylch hyd at fuddugoliaeth taro'r rheffyn rownd i'r bedair ola ar bwynt nodwydd o drum. Am eiliad, sythai'n arwr ar binacl yr haul, ei wyneb o liw'r criafol a'i ddau lygad yn chwerthin dros y golwg yn y gwrid:

'Wît 'te, bois! 'Na hi 'te!'

Ond dano, amneidiai rwtîn o sail arall; gwaelod o frigau crinion a hen wellt yn disgwyl iddo ailddechrau eto ar yr un esgynfa. Byddai yntau wastad yn ufuddhau, a'i drowser rib yn llathru o sgwriad sgubau ar ei ffordd i lawr yr ysgol. Digymar yr ydlan y noson honno—teras o helmi gyfuwch â'r coed; lleuad radlon yn swilio'i serthedd a bwrlwm Onwy gerllaw'n ymgymysgu â'r aeddfedrwydd i gyd.

Roedd y tyddyn yn bacar at y gaea a'r hydre'n bostio'i eitha i'w sicrhau o hynny: y drain yn ffynhonni'n goch a'r ffawydd yn rhaeadru'n oren. Yntau meilord yn cyrraedd un bore, ymhell cyn ei amser. Dod o'r gogledd-orllewin â grymuster y môr yn ei utgyrn. Crochder y rheini'n ein deffro drwy'r llwydwyll a charnau'r cesair yn clindarddu'r to. Clywed y fyddin ddofn yn rhuo'n soniarus o'r ffawydd, ac yn ymryddhau o'u rhwydi i sgubo ar draws y noethni. O ffenest y llofft gweld y gwartheg yn swatio dan braffter drain Cae Lôn, ond eto'n disgwyl-lygadu'r un pryd tua'r clos a'r beudy:

'Bydd yn rhaid troi'r da miwn heno.'

'Odi, ma'i'n bryd nawr.'

A'r prynhawn hwnnw roedden nhw dan do'n gynnar: eu hystlysau'n diferu'n y myllni a'u golygon yn gloywdduo dros y côr am ddanteithion y sgubor. Roedd snac gynta'r gaea ar ei ffordd iddyn nhw: Mam yn troi'r hen bwlper, minnau'n gwylio'r cyllyll manblat yn sglyfio'r sweds, sleisys gwynion yn twmlo dros ymyl y bwced, a rhes o ffroenau'n arogleuo gloddest. Ac roedd rhagor o syndodau fyth i'm hypnoteiddio adeg y swperu: golau lamp mas ar lawr y sgubor yn creu dawns o silŵetau ar wyngalch y muriau; cefen llygoden fawr yn llifo i graidd y wal ar gongol y bîm bella; dwst gwair yn ymdroelli'n fwganod ymysg gwe cor y trawstiau; cofleidiau o aroma'n boddi'r pennau brwdfrydig i gyfeiliant tinc yr aerwyau, ond y gwynt yn newynu ar dalcen y beudy. Funudau'n ddiweddarach, gwrandawn arno o'r gwely'n lledfyseddu latsh drws y llofft ynghyd â charlam llygoden y sgubor dros y styllod uwchben. Gwrando . . . ac ymhyfrydu fod y buchod drwch mur i ffwrdd wrthi'n crenshan eu digonedd yn wresog gras.

Ac roedd Tomi ddeunaw oed yn clywed bugunad y gwynt hwn yn

llofft hirgul Blaeneinion: hunllefau meddwl newydd ei orfodi i dorri'i gyflog ar fferm gyfagos a dychwelyd gartre. Hyd yr oriau mân clustfeiniai Anti Jane ac Ifan, a oedd ei hunan yn cychwyn diodde gan ganser ar y pryd, o'r parlwr, ar eu mab yn mwmian-weddïo ar yn ail â snwffian-wylo uwchben. Weithiau, disgynnai i'r parlwr atyn nhw . . . aflonydd dindroi o'i amgylch . . . a chael ambell ysfa o ymlafnio dianc allan drwy'r ffenest a'r tad dihoenus yn brwydro i'w rwystro. Dros wythnosau'r pryderon ymgnydiodd y twf ym mherfedd Ifan, a bu'n rhaid ei symud i ysbyty Aberystwyth. Artaith o Nadolig oedd hwnnw: Lewis filoedd o bellterau i ffwrdd ynghanol uffern Malta; Tomi beunydd beunos yn sownd yng nghrafangau'i ddychrynfeydd a'r tad ar ei wely angau bum milltir ar hugain i fyny'r bae. Llonyddwch galarus oedd dydd Calan: trymder marwolaeth dan y distiau, arch chwe throedfedd Ifan yn meddiannu'r parlwr, a Thomi'n crwydro o stafell i stafell mor ddistaw sombr â chysgod:

'Ma' fe'n gw'bod fod 'i dad 'di marw.'

'Odi, ma' fe. 'Drychwch fel ma' fe'n cer'ed ar fla'n 'i dra'd nawr.'

Ac roedd mynd afreolus arno. Un funud roedd allan yn smocio ar y buarth cul, a'r nesa'n ôl wrthi'n aildroedio ugeinwaith o'r gegin i'r llofft ac o'r llofft i'r gegin. Ac eto ymlonyddodd fel delw gilolwg ar yr aelwyd ymysg y galarwyr ddiwrnod yr angladd. Ond fel y digwyddodd, trywanwyd y distawrwydd tywyll hwnnw, tawelwch y funud ar ôl i'r gweinidog orffen darllen, gan oernad o natur arall: cornel yr arch enfawr yn rhygnu'n erbyn pared y pasej ar yr ongol gwta ar ei ffordd allan o'r parlwr. O hynny ymlaen, bob tro'r awn i Flaeneinion, arferwn redeg fy mys drwy'r graith dan y paent, yn y llwydolau, â rhyw hanner ias o arswyd.

Wedi'r angladd, miniogi a wnaeth anesmwythyd Tomi: grymusodd y pyliau yng nghell y llofft a dechreuodd ar lawcio bwyd ieir ar y clos. A rhyw brynhawn, dihangodd o wewyr ei gaethiwed. Bu dynion yr ardal yn cerdded y bencydd yn chwilio amdano hyd hwyrddydd. Ac arhosodd Anti Mag gyda'i fam drwy'r nos ym mharlwr Blaeneinion: y ddwy'n oedi . . . gwrando . . . syllu drwy'r oriau cyfyng a'r llenni'n llydan agored i'r goleuni leueru'n arweiniad i Tomi gyfeiliorn 'tai'n digwydd bod rywle o fewn cyrraedd yn fagddu'r Banc. Disgwyl gweld ei wyneb meinllwyd unrhyw ennyd yn rhythu arnyn nhw o fewn cylch y golau o'r tywyllwch, ond nid ymrithiodd neb na dim, gydol y nos, i'r ffenest o'r dyfnderau inc. Roedd Tomi drwy'r oriau dirdynnol hynny ar grwydyr am Gaerfyrddin: tynnu'n ôl yn anafus at falm yr hen loches yn ysbyty Dewi Sant. Ni adawodd mo'i seintwar byth wedyn.

Ond rywfodd daliai ambell ffynnon o ffraethineb i dasgu o hyd ym Mlaeneinion y gwae fel ar y diwrnod testo gwartheg unigryw hwnnw. Roedd y swyddog o fet a roes bigiad i'r stoc yn eu gyddfau dridiau ynghynt wedi dychwelyd i weld â'i fesurydd bach pwrpasol a oedd y lwmpyn a godasai o ganlyniad i'r chwistrelliad wedi gostwng i'r maint cymeradwy, prawf a ddynodai fod y buchod mewn cyflwr cymwys at ddal i gynhyrchu llaeth. Fe basiwyd pedair ohonyn nhw'n galonogol o lyfn, ond diawch, daliai'r swyddogyn wrthi o hyd i swmpo ac i fesur o gylch pen y bumed. O'r diwedd, dyma fe'n awdurdodol ddychwelyd at Anti Jane a fu'n ei lygadu o'r shodren gydol y seiffro:

'I'm afraid this cow won't pass, Mrs Davies.'

'What are you saying?'

'Come here, Mrs Davies . . . see this,' gan fwrw eto at ben y fuwch a phwyntio at y lwmpyn annerbyniol ar ei gwddf.

'What?'

'This lump, Mrs Davies. It's too big. Do you see this?'

Ar hyn dyma'r eiddiles fechan bump a dwy yn ymwrychio'n gondor o'i flaen, gan godi-ddal pebl o ddwrn o fewn modfedd i'w drwyn:

'You see this, or I'll see you!'

Ciliodd yr arbenigwr yn ôl gyda'i gadjet am noddfa'r lwmpyn, a phan ailesgynnodd y tro hwn roedd y tramgwydd hwnnw newydd ryfeddol grebachu i'w seis priodol.

Ac ar ganolddydd ha y flwyddyn honno, sgubodd y Western Welsh â'r alltud o Falta a Chaerfyrddin rownd tro Pantygrugos yn ôl i olwg Groesffordd Mownt. Disgyn . . . yr enjin yn gryndod dwfwn fel o'r blaen . . . ond heulwen y sgwâr mor noethwag o'i amgylch . . . y fynwes yn graddol ailgymuno â'i chynefin

Lewis Blaeneinion mewn dillad milwr.

29

moel wrth ddisgyn rhiw Pantrasol . . . Blaeneinion! . . . coed y gwcw'n dal i'w gynnwys . . . ond dim ond coflaid unig unig o fam yn disgwyl ar waelod Cae Tom y tro 'ma . . . dieithrwch blynyddoedd o fro. Ond ymhen pythefnos, o fewn Neuadd Goffa Talgarreg, roedd calon honno mor ddigyfnewid ag erioed: unllwyth o werinwyr yn lledu'r parwydydd; crwt byr flewyn-golau mewn dillad milwr yn eistedd ar y llwyfan; Mair Esger Onwy a Thom Stephens, ysgolfeistr y pentre, yn canu penillion croeso o'i waith ei hunan—y dôn a'r geiriau'n ymblethu'n gonsuriaeth sgytiol dros y neuadd:

'Y mae'r ffordd o'r Dwyrain Canol
I Flaeneinion yn un faith
Ond ehedodd ein meddyliau
Dros y pellter lawer gwaith.
Buom gyda thi ym Malta
Dros y tonnau fawr a mân
A'n gweddïau aeth i'r nefoedd
Dros y bechgyn yn y tân . . . '

Wedyn yr arweinydd, Capten Beaufort Williams, yn sbotio Shincin Moelifor ffraeth ynghanol y dorf:

'Lloyd Moelifor, o's rh'wbeth 'da ti 'weud? Ti'n ddigon uchel dy gloch mewn rhai manne.' (Chwarddiad chwareus drwy'r lle.) 'Beth amdani fan hyn nawr'te?'

Dyma'r ffon yn codi'n rhagflas o anerchiad ei pherchennog:

'Ie diawl . . . 'wy'n nabod e . . . nabod 'i dylwyth e 'ri'od . . . ma'r boi'n blydi gw'boi . . . blydi gw'boi 'fyd . . . cer nawr wir, s'da fi'm 'whaneg i ga'l.'

A'r gynulleidfa'n ddyblau o chwerthin.

Cyn diwedd yr ha mi ges innau wythnos o alltudiaeth ddansierus o ddwl fy hunan. Drwy ryw reswm neu'i gilydd, dechreues gael ysfeydd o flas ar blisgo-fwyta paent, yn enwedig paent coch, i ffwrdd o bob drws a phalis o fewn cyrraedd. Unwaith y cawn gefen y men'wod trachwantwn ar f'amheuthun: pilio a masglo stribedi o'r stwff gogoneddus a'i ddifa'n stumogus. A blysiwyd arni tan i'r anochel dorri: pyliau o chwydfeydd yn gymysg â chyffes 'run mor arllwysol o'r holl gamwedd. Gyrrwyd mewn panig am yr hen Ddoctor Jones Cei: rhwng stori garlamus Mam a synhwyriad ei fysedd e ni bu fawr iawn cyn dod i benderfyniad di-'r' o ddychrynllyd:

'Jiws mowf, ma' vomiting stomach 'da'f boi bach.'

'Be' chi'n mynd i roi 'ddo fe nawr'te, doctor?'

'O by' faid hala fe lan i'f hospital nawf mefch fach i i'n nhw gadw llygad afno fe am sbel.'

Erbyn yr hwyr rown ar fy nghefen mewn penyd o ward ddi-baent yn Ysbyty Aberystwyth, a'r galon bumlwydd yn tywallt ddengwaith mwy o wlybaniaeth na'r gwniadur o gylla gydol tragwyddol o nosweth. Ymhen cantoedd, dyma'r wawr yn llaesu drwy fwlch y llenni . . . ond wrth gael eu hagor, mewn ysbaid, yn cau'n ergyd o wasgfa lond y ffenest: mor fyglyd wahanol y gorwel i'r llydanrwydd a arferai ryddhau 'ngolygon bob bore. Crib ar gopa ar drum glasgochlyd o deils yn ymgordeddu'n dryblith-britho-llygaid i'r pellter: llechi oedd y manlaw, toau oedd yr awel a'r awyr yn simneiau. Ac yno, o'u hestrongylch cloëdig, greddfol ddringodd aderyn hiraeth i'm cludo, am y tro cynta erioed, ar leithder ei adenydd yn ôl i eangderau'i nyth.

Tua deuddeg o fisoedd gweundirog yn ddiweddarach fe wawriodd cyfyngder arall o fore; bore y gwyddwn ers meitin am ei anocheledd: fy nhorri am yr eildro oddi wrth libart y nythle. Strancio . . . llusgo'n erbyn feis o law Mam wrth ddisgyn o benrhyddid y gorwelion i afael cwm a gulhâi'n feinach . . . dynnach amdana i fesul cam. Yno, roedd Medi trochionog y Banc yn cronni'n llwyd-ddu ar y cyll a madreddu'n dywyll yn y rhedyn. Ceunant o ddihoenedd yn plymio i'r argyfwng mwya adfydus ohonyn nhw i gyd: cell o ddesg o fewn cywasgiad o furiau o fewn carchar Ysgol Talgarreg. Ond fues i ddim yn hir cyn codi'r eilwaith drwy drymder y ffenestri ar war wleb yr un aderyn yn ôl i anadl y rhostir. Ac o'r iard am chwarter i un ar ddeg, gweld rheng o ddreingoed draw ar dalcen y cwm: rhin o ysgafnhad—roedd breichiau'r bencydd yn agor i bob cyfeiriad yr ochor arall i'r rheini. A'r prynhawn hwnnw, wedi hydoedd ychwanegol o gaethder, 'rôl pedwar o'r gloch ymledai twnnel y bore, ar bob llaw, i ebolyn yn prancio adre gyda'i gydferlod yn neuaddau o gnau ac orielau o fwyar. Seibiannai Cletwr danom yn byllau nwyfus. Syfrdan ysem wrth sgapio ambell gysgod breisgach na'i gilydd yn awelu drwy heulddellt y dŵr. Llamu ar eirin pêr ac afalau sur bach tŷ-wedi-cw'mpo. Gwironi wrth ddilyngolli deif 'rôl deif gynffonwen i ddrysfa o dyllau. Roedd tair cebl felynddu'n ymestyn yn y gwres ar fron Rhydlydan. Roedd coeden goch Moelifor yn heigio'n rhwydfrith o glymau pump. Cwm Cletwr yn campio'n ddolenni o firaglau yr holl lwybyr at odreon y Banc!

Ac roedd y trec dadlennol yma i ddatguddio mwy o ryfeddodau: cyn diwedd yr wythnos dilynwn yr adar i mewn i'r efail. Roedd John Rees wrthi'n plygu roden wenfflam o haearn: cnapyn o arddwrn chwith wrth yr efel a llawfraich dde fel boncyff yn chwifio'r morthwyl. Yna megino'r tân, bedyddfa wynias arall i'r metal a'r mil gwreichion yn ffyrnigo i fyny'r wal barddu. A'r foment honno digwyddodd anystywallt o ferlyn gyrraedd drwy'r drysau dwbwl, ei lygaid yn lluchedu a'i sathriad yn sgaprwth—anifail codi ofan. Ond ym mhenty'r cefen aeth John Rees galon-llew ati i rathellu'i garnau, llosgi-welyo pedol iddyn nhw dros y golwg mewn fflangell o fwg, a churo-glensho'i awdurdod ar eu barbarwch. Ar y ffordd mas, gwibio i'r talcen am feddyginiaeth i'r defed a dyfai ar ein bysedd: twba o hen ddŵr oeri heyrn a'i lwydni'n blatshys o sêr symudliw. I fyny am Ffarm wedyn lle'r oedd Rhys ar ei orsedd o dan y goeden goncyrs, gwên o des ar ei ruddiau mafon, ei law dde'n swiglo pwtyn o ffon a'r cyfarchiad yn gwta chwareus:

'Bois y bencydd yn bwrw ga'tre.'

Drwy'r clos â ni, gan ymosod ar y berllan wridog yn ei ben pella. Gwrychiai hynny Mari chwaer Rhys allan i ben drws i godi cer'ed ar y brain eger ymysg y fale ucha. Ac Elfed Ddolwilym yn crwn godi aden, whiw o'r entrychion dros glawdd y gwaharddedig a'i bocedi'n llwythog o ysbail.

5 Mawrth, 1947: dechreuodd bigach eira tua thri o'r gloch—pigach eira a'r awel yn cwynfan. Ei weld yn sgubo'n enciliol am ffenestri'r ysgol fel bwganod cwflog . . . ac weithiau'n dygyfor i siffrwd-ochain yn erbyn y gwydyr. Ymhen hanner awr roedd yr ysbrydion tyner yn lleng o ellyllon: sgrechen yn wallgo-lachar ymysg y llwyni, dinoethi'u dannedd dros y mur a sgrapio'r cwareli â'u hewinedd. A chawsom eu gweld yn arddangos eu holl ryferthwy ar y ffordd adre: sbio o'n cysgodle arnyn nhw'n trobyllu uwchben y dyffryn ac yn ei chwyrnellu tua thopiau Blaencwmhalen. Hyd yn hyn chawson nhw fawr o afael arnon ni yn ein cuddleoedd, heblaw am ambell sweip neu binsiad gyfeiliorn drwy'r coed, ond wrth inni gychwyn dringo o gilfach Rhyd Mân dyma'u cyfle'n agor, a'r fath felin ac eglwys wnaethon nhw ohono fe hefyd: syth ymhyfrydu ar grafu'n cernau, cnoi llygaid, nodwyddo i glustiau, chwildroi dros ffroenau a cheg. Megino arni i gyrraedd y brig a hwythau'n goresgyn perth a choeden, buarth a ffermdy o'n hamgylch. Cyn gadael y da'r noson honno yn niddanwch eu stalau, rhaid oedd blocio pob agen a hollt rhag y sglyfaethwr meindrwyn: gwthio sach i rigol y shodren dan ddrws y beudy; darn o glwtyn yn nhwll y latsh; trwch o wellt dan ddrws y sgubor. Ac wrth ffoi tua'r tŷ udai-bawennai yntau'n ddialedd gwyn o'r tywyllwch amdanom yn shafft y lamp. Clepio'r drws yn ei weflau, a meddwl am

yr holl ddefaid ac ŵyn yn llechu'n yr eithin a chwato'n y drain ar hyd a lled y Banc.

Trannoeth, ymsythai'r lluwchfeydd fel pac o ddeinosoriaid o gylch Esger Onwy: torunioni dros wal y cwrt gan lygadrythu drwy ffenestri'r gegin; ymestyn eu gyddfau at y bargod i sbecian i'r llofftydd; gwasgu'r tai mas rhwng eu palfau; clorythu'n ysgafndroed dros y caeau, eu ffroenau'n ddawns o ager a'u cynffonnau'n ymchwipio draw . . . draw o'u hôl. Ond ar fyrder, ymlonyddodd y rhuthr yng nghaledwch yr awel, y rhynwynt o'r rhos yn eu ffosileiddio ar ganol llam, eu fferru'n gyrch o fynwesau, safnau a chefnau haearn: troi'r Banc yn beithdir o amgueddfa gynoesol:

'Allan nhw'm ca'l 'u troi mas heddi'.'

'Dim ond i ga'l dŵr, 'na i gyd.'

Ac mor ochelgar-sydyn y fuwch gynta yn nrws y beudy: ffroenai'r awel raselog . . . asesu'r llonyddwch gwyn a deyrnasai dros y clos. Penderfynu ar ei mentro hi: ffwtio'n ddarbodus heibio cornwellt y domen . . . hanner llithro ar stania o biswail gan adael cripiad hirwyn ar draws ei frownddu. Clòs-ymddirwynai'r lleill ben wrth gynffon ar ei hôl i lawr dros lasier Cae Gwair at incil tywyll afon Onwy ynghanol cyfandir o burdeb. Ac yno—unfryd ostwng safnau i frath y dŵr a'r sugn-yfed yn cracio'r distawrwydd. Wedyn, 'run mor gytûn, ffwrbwt droi'n y mileinder a bwrw'n ôl ar duth gwyliadwrus dros y crefasau.

Chwe wythnos o bellterau claergaled! Ac yma a thraw ar hyd y gwyndra dim ond ambell ddot ddu'n rhyw aros-symud: Wil a'r ast ar dwndra Rhosgoch Fach yn chwilota am arwyddion o ddefaid cladd, melyn-dyllau anadl yn drilio i'r wyneb. Yna cloddient am y bywydau adfyw yn y beddrodau neu gelanedd o risial.

Anti Mag yn piriweto dros y gwifrau teliffon wrth dorri'r byrra ar draws yr Arctig i moyn bara o Synod Inn. Dychwelai mewn dwyawr fel smotyn o gwch ar hyd y sianeli tynera a hwyl wen ei chwdyn yn tacio yn erbyn y rhewlif braen.

Bwriwn innau lawr i nôl stened o ddŵr o'r ffynnon. Honno'n agor fel clamp o lygad dan aeliau'r crawcwellt. Carcus suddo'r stên ar oledd dros un ochor o'i gwddwg i gychwyn . . . yna sgŵp-drochiad o fferdod llaw ac arddwrn a chwimwth blwc i fyny cyn i'r gwaelodion darfu'n bwff o faw i'w genau. Glasai'i dolen fy nwrn ar yr hirdaith yn ôl dros y dalffen a'i gorlawnder, bob hyn a hyn, yn rhynnu'n nodwyddau rhwng hosan ac esgid.

Gwynder mudan o angladd: arch felen hen wraig Blaencletwr ar gart llusg yn cael ei halio gan nifer o ddynion dros luwchfeydd o gloddiau, un ar eu blaen yn ffonio-brofi'r soletrwydd a mintai ddu o'u hôl fel rheng o betris ar y glendid. Roedd yr awel yn gyllyll, y tynwyr yn suddo'n glwriwns ar dro i ddyfnder patshyn slei, bryd arall yr arch a'r elor yn sliwio'n rhyfygus, a'r cyfan yn modfeddu dros fytholwyn o fanc am fynwent y llan rywle obry ar ei derfyn.

Gang o Almaenwyr yn twnelu-agor yr hewl dros dop Blaeneinion. Rhofient fel tyrchod fesul diwrnod dan y creigiau eira. Eu gêr yn tincian ar y callestr iâ a chiwb 'rôl ciwb ohono'n hedfan rywle o'r dyfnderoedd i frig cynyddol yr ochrau. Wedi i'r gwahaddod, ymhen oesoldeb, ergydio trwodd yn y pen arall, aethom lan i gerdded drwy'r canyon arallfydol. Stryffaglu dros byllog o farmor a than binaclau o galchfaen; crwbanu drwy ogo ddi-do o fwrllwch gwyn, byd o arswydlonedd a fu'n lloches unwaith i lwythau elfennaidd. Llewychai ias eu presenoldeb ar bob llaw: fesul bymthegllath o hyd llosgai cannwyll o eira mewn cell fechan sgwâr yn y muriau rhew: rhaid eu bod wedi'u cynnau-gerfio i eiriol ar i'r haul ddychwelyd i chwalu rhyw frawychdod o heth unwaith. Ac yno daliai fflam ddefosiynol eu gwêr i befrio'n rhynllyd, yn anhreuliedig o freudlos, ar allorau eu teml ddydd 'rôl dydd, nos 'rôl nos . . .

'Ma'i'n bwrw glaw, g'lei.'
'Odi 'ddi? . . . Odi ma'i 'fyd.'
'O'dd hi'n hen bryd nawr.'
'Diolch byth am 'nny 'weda i.'

Bu awgrym o dynerwch ar awch y gwynt ers deuddydd, a rhyw leithder o lwydni'n pylu crib dwca'r gorwel. Ac O! o'r . . . o'r diwedd, diferynion yn perseinio ar sinc yr eira; dafnau gostyngedig yn gwanu i blwm yr iâ. Ymhen teirawr roedd yr arth, y mamoth a'r rhinoseros gwlanog i'w gweld yn dadelfennu'n feirwon dros yr hytir, yn llifwaedu'n loyw o'u clwyfau, yn crebachu'n asennau tawdd, a defaid ac ŵyn yn ailhawlio'u hetifeddiaeth goll; erfyniad y canhwyllau yn agennau'r clogwyn wedi'i ateb, y coed yn wylo'n ollyngus, tafodau'r adar yn meirioli'n gerdd a diolchgarwch yn gwreichioni yng nghalonnau dynion unwaith yn rhagor.

Ac eto, arhosai olion y gyflafan i'n sobri: yn ara draw ar ffin y Whilgarn sgythrai sgerbydau deg o bonis i'r golwg o gornelyn styfnig o eira ynghanol picellau drain. Treiddiai celaneddau'r praidd o rewfeddau'r bencydd hefyd a'r brain yn amyneddgar dario yn yr haul. Ond roedd ysfa bywyd yn cyniwair y buchod yng Nghae Ffynnon: llain o wyrddni dan eu dannedd drachefn, wythnosau o fwndeli sych-dros-gôr yn ango, ac un o'r gyr yn swci ddenu rhai o'r lleill i geisio'i marchogaeth:

'Ma'r anner 'ma'n wasod.'

34

'Newydd fynd ma'i 'te.'

'Rhaid 'ddi ga'l tarw cyn nos.'

'Rhaid, ne' eith hi drosodd.'

Ac ar ôl te cynnar i ffwrdd â ni dros y Bannau Duon am Gefengrugos Fawr: Mam wrth y benwast yn arwain yr anner a minnau'n dilyn yr orymdaith. Roedd yr haul yn llathru lôn o fanadl ar hyd y môr hwnt i Gwm Tydu, amlinell y bae'n plygu mor esmwyth â hanner lleuad i'w bigyn eitha ar Benrhyn Llŷn, a Llethi'n cwsg-frysio drwy'r brwyn wrth ein traed ar ei byrdaith i'w gwely blodeuog yng Nghei Bach. Danom, ymdyrrai'r da wrth iet clos Cefengrugos—cyrraedd mewn pryd, jyst cyn iddyn nhw ddechrau godro. Roedd y cylch yn wyryfol barod ar gyfer defod y ffrwythloni. Aruthr o funud! Ennyd ymrithiad y cawrdduw o berfeddion ei ogo. Dyrchafedig oedodd yn nrws y sièd: rhedyn o rawn yn ymblethu o'i flaen-dalcen, a thunelli o blygion yn ymdonni ar hyd craig ei gorff. Ymlwybrodd i'r goleuni'n ymgorfforiad o'r. gwanwyn, modrwy'i benarglwyddiaeth yn fflachio o'i drwyn a chadwyn ei urddas yn soniaru'r buarth:

'Dewch lawr â'r anner fach fan hyn nawr'te 'ddo fe ga'l gwell mantes.'

Ffroenodd forddwydydd ei offrwm: mor simsan honno o flaen clogwyn ei gyhyrau. Ymgododd yn echrydus dros ei chrwper. Pantiodd ei chefen hithau am chwythiad ond ar 'run ebwch tynhaodd ei phedeircoes i ddal holl gwymp yr afalans: ei gala orengoch yn ymsuddo i'w gafl, ei lygaid yn bolio a'i garnau ôl yn sgathru'r clos—hithau'n steio-aros y rhyferthwy iraidd, a chodau'r bedw'n ymhollti'n laswyrdd o'u cwmpas. Disgynnodd. Roedd y seremoni ar ben. Shyfflodd yn ei ôl tua'i shamber . . . ac ymgolli'n ei gwyll. Wrth i'r tri ohonon ni esgyn y Bannau am adre roedd ewin o loeren yn dechrau cosi gwar Esger Wen gyferbyn, ein traed yn fwrlwm o wlith a chwa halen o'r glannau'n balmeiddio'r cysgodion. Ac ymhen tair wythnos, roedd 'na gadw llygad eiddgar ar ymddygiad y gyr o gylch yr anner las . . . a rhyddhad o ganfod na synhwyrai'r un ohonyn nhw gymaint ag awgrym o ddyhead yn ei hystwyrian:

'Ma'i 'di sefyll, g'lei.'

'Tro cynta 'fyd.'

'Sdim sein bo' ise ail darw 'ni 'no.'

''Na dda'n 'tefe.'

'Llo fenyw gob'itho.'

Ond nid gwartheg oedd pasiwn llanciau'r Banc eithr cwningod: y llanw o lefrets a gwmanai drosto bob gwawrddydd, gan flewynna hynny fynnen nhw i'w bellafion a threio i'w hencilfeydd yn folltau arwyddwyn ar y smic distawa. Safana o hudoliaeth! Perlewyg o arian poced! Onid oedd gyda ni ddeliwr o gydnawsedd oedd yn awyddus i dalu'n las am ein hymddigrifwch? Gwyniaswn beunydd gyda'r diléit: ffroeni ymysg y drain a'r perthi am draciau twym a thom byw, a dychlamu i gyd wrth daro ar rai ohonyn nhw ar slaif drwy'r gwelltach yn ffres gan surni melys. Setio'r magal yn gyfewin ddirgel: cnocio'r pren ôl yn solet i'r pridd â morthwyl carreg; cnotio'r gorden frown yn dynn o gylch y rhiciad dan ei dop; plannu'r pren blaen ychydig oddi wrtho, a rhedeg y wifren mor anwel â phosib gyda'r hesg drwy hollt ei frig a'i phrin-asio'n ôl wrthi'n farwol o wahoddiad ar draws y dramwyfa. Llithro i ffwrdd a'r pereidd-der siarp yn canu'n freuddwydion yn y dychymyg. Ben bore drannoeth, llithro'n ôl i'r gelfa mewn fflam o obaith. Ond honno'n diffodd fel ddoe, echdoe a chynt: 'run dadrith gwag-euraid yn rhythu arna i drwy siom o ddrysni. A llosgai methiant y galon faglo at ddagrau cenfigen ambell fore wrth glywed cwningod y trapwr, a ddigwyddai fod yn gweithio ar y pryd dros y ffin yn Esger Onwy Fawr neu Rydeinion, yn toreithio ddolefain wrth eu caethiwed. Weithiau, cawn gip annioddefol ar ambell un ohonyn nhw, jyst yr ochor arall i'r clawdd, yn bolwyn ymnyddu ar hyd y borfa gerfydd eu coesau, a'r genfigen yn cydrythmio'n gleimacs â'u hangerdd. Bryd arall, digwyddwn weld llond lorri o gynffonnau llachar yn gwibio heibio iard Ysgol Talgarreg, a'r gwarrau'n dirifedi hongian mewn sigl lyfndew: agosatrwydd o ddelfryd mor dorcalonnus o bell.

Ond drwy'r lletchwithdra a'r siomedigaethau i gyd mi ddaeth yr awr—awr unigryw'r heliwr glas! Un bore wrth gripian tua'r magal didostur a'r bastwn yn barod fel arfer, ni allwn gredu'r miwsig a bereiddiai 'nglustiau: oedd, roedd 'na dwrw rhywbeth yn stryglan arni ym môn y drain mewn yffach o banig. Ac yna'i chanfod: pentwr o wyrth ewynnog yn ymwingo-rowlio'n llygadrwth drwy'r gwelltglas a'm magal innau'n ddwfwn ar goll yn ffwr ei gwar-wddwg. Anhygoel o foddhad: un o'm myrdd faglau a fu'n gymaint o destun sbort dros fisoedd i leng cwningod Cae Bach a'r Weun, rywsut neu'i gilydd wedi breiniol dalu'r hen 'whech yn ôl am yr holl sbeng. Ond diawch, roedd hyd yn oed y trysor rhuslyd hwn a oedd yn sownd reit i wala yn ei grip yn prysur lwyddo yn y frwydyr i ymlafnio'n rhydd ohoni, a hynny'n union dan fy nhrwyn! Roedd gafael y pren ôl yn y ddaear yn graddol ildio i'w thaerineb. Ac roedd cipdrem ar lun ei thynged yn glafoerio drosti'n ddigon i dreblu'i hymdrechion: dyma'r pren yn tasgu i'r awyr a'r lwyd yn ei gwân hi am nodded yr eithin â'm holl gontrapshon innau'n chwyrlïo o'i hôl. Doedd welltyn o ots am golli'r rheini, ond roedd gweld y breuddwyd oedd ynghlwm ynddyn nhw'n twmlo i'w rhyddid yn olygfa ingol o ddirmygus. Ond lathen o'i dihangfa, fe'i llesteiriwyd ennyd gan brennau hedfanog y magal yn rhyw ffawd-gordeddu yn y dryswch. Y cyfle ola i achub tipyn o anrhydedd, a sbardunau'r drain yn cynorthwyo'r rhyfyg: disgynnodd y bastwn ar ochor ei chlust. Ymlonyddodd a bôn ei chern yn tasgu gwaed. Plygu i'w chyffwrdd. Llosgai'n fwndel o aur brith dan fy mysedd ymysg lleithder y mieri.

Ond doedd nwyd y magal ddim hanner digon i ddiwallu ymroddiad heliwr o rywogaeth. Cofleidiai hwnnw gyfriniaeth y ffured yn ogystal. Ac fel aelod o'r cyfryw frid awn allan dan alwad min nos gyda bois Ddolwilym i chwilenna cloddiau'r rhostir am warinod. Anelu'n rhithiau am gyrion y Banc a'r ffured yn sgyrlwgach rhyngom yng ngwaelodion sach. Byrfyfyr ystyried potensial pob twll mewn blinc o oleuni tortsh, dim iws dangos clipyn yn fwy rhag i'w preswylwyr ei fflachio allan drwy un o'u myrdd ddrysau cefen:

'Hisht, bois! Ma' rh'wbeth fan hyn!'

'Ti'n meddwl?'

'Garantîd! Weloch chi'r dom ffres 'na?'

'Ti'n iawn, ma' smel gwningen 'ma 'fyd.'

'Reit, treiwn ni ddi 'te.'

Allan â'r rhwydi a'u winciad begio dros enau'r twll mor dynn garcus â darn o ffoil am dop pot jam—manwl ofalu nad oedd modfedd o esgeulustra yn unman ar hyd yr ymylon. Asio'r un fath dros y twll yn union gyferbyn yr ochor arall gan ryw hanner gweddïo mai hwnnw oedd y ddôr gefen a ddefnyddid ar y pryd. Ymhen eiliad sgwyrmai'r ffured o'r cwdyn yn nwrn Elfed, byrst o olau arni. Roedd yn amlwg mewn mŵd hela: edrychai fel chwip o wenci lyfnfyw a'i smotiau o lygaid yn serio gan awydd. Agor fymryn ar ochor y rhwyd a'i hanwesog ollwng i'r dirgelwch. Ac yn syth ymestynnai wyth o glustiau i'r rhwyd: ymdeimlo â phob symudiad ym mhen isa'r trofâu:

'Ma'i off miwn 'na, bois.'

'Hisht! . . . O's ma' sŵn rh'wbeth 'na.'

'Gob'itho so'r 'wningen 'di troi 'ni.'

'Fentre hi'm, 'machan bach i.'

'Sai'n gw'bod, boi.'

Oedi . . . rhythu . . . dyfalu rhawd y cyffro cêl:

'Ma' hi 'te, bois!'

Llafn o oleuni'n trywanu'r pridd . . . bwndel o flew tyrfus lygatfawr yn patnu'r rhwyd . . . sgap o fola llwydwyn wrthi'n treial ymestyngrafu'i ffordd arall allan o'r blocêd drwy'r pridd uwchben. Ond llaw Elfed drwy ochor y rhwyd yn cau am ei gwar, ei llusgo mas o wylltineb y palfalu ac yn disgyn fel bwyell gyda bôn ei llygad. Y fath globen o wobr! Anghofio ronyn am y ffured. Doedd sein am honno'n ailymddangos:

'Lle ma'r diawl bach nawr?'

'Ar goll yn 'twll.'

'Damo. Dyle'i ddilyn y 'wningen mas.'

'Os na cha'th hi gic 'da'i.'

'Sai'n credu.'

'Yffach, ma'i'n hir nawr 'fyd.'

''Co'i 'te!'

Cysgod serennog yn rhyw fymryn slincian i gyrraedd y golau:

'Ma'i 'di mynd 'nôl nawr 'to'r bitsh fach!'

'Geith fod 'sna watshith hi.'

'Na, yffach so ni ise'i cholli ddi!'

Doedd dim dewis, rhaid oedd stretsho amynedd nes i chwilotwr wastio-amser y pridd benderfynu ailesgyn i'r goleuni. Doedd y cwircs hyn ddim yn ddierth o gwbwl: gwneud môr a mynydd o'i rhyddid oedd hi rhag gorfod dychwelyd i gyfyngdra'r cwdyn:

''Co'i 'to 'te!'

A'r tro hwn fe aeth hi'n dipyn o fflat shot arni: stymblan fodfedd yn rhy bell i afael y golau, dall rythu eiliad yn ormod i'w ddisgleirni—jyst digon i fysedd Elfed glampio amdani, a diflannu drwy geg y sach â'r carcharor yn ymwingo yn eu gafael:

''Na'i'n sownd nawr no.'

'O'dd marcyn 'ni?'

'Marcyn, nago'dd. Ma' hon ddigon ffit 'so's r'wun!'

Dedfryd ddiymwad! Ailbalu arni gyda'r clawdd yn llwythog o gêr, yn ysbrydoledig gan ysglyfaeth, mewn ymchwil am warin anwrthodadwy arall, hyd yn oed os oedd hynny'n caniatáu hydoedd o ryddid arall i meiledi yn nefoedd y siamberi.

Ac nid dyna ddiwedd y campau helwriaethol chwaith. Dotiwn at fynd allan i saethu gydag Wncwl Emrys a Dan Ddolwilym hefyd bob tro fyddai'r awen yn eu meddiannu. Roedd arwyddion y fath flaendarddiad yn rhai digamsyniol: yn sydyn un prynhawn dychwelai Wncwl Emrys i fyny o Synod Inn at ei annwyl ddryll, a gadwai ar drawst yn Esger Onwy o hyd, i dynnu clwtyn iraidd yn sownd wrth

gorden gerfydd hoelen i lawr drwy ganol y ddau faril. A phan
ffrwythlonai'r dydd i'w lawn fynegiant, rhyw nawn Sadwrn cynnar fel
arfer, roedd iddo lesmair o agoriad: cael cipolwg i lawr gydol mynwes
y dryll—y ddau dwnnel yn estyn i'w terfynau crwn o olau fel pishyn
swllt—wrth i Wncwl Emrys nythu'r ddwy gatrisen yn glòs yn eu
rhigolau: dwy fiseil gryno o garbord trwchus oren ac ysgrifen ddu
arno, un pen yn loyw felyn a'i ganol yn llygedyn o frons yn eiddgar
am gnoc y morthwyl, a'r llall yn ddim ond darn o bapuryn bach rownd
yn gwarchod gwyniasedd y cynnwys. Diwrnod delfrydol at y job:
heulwen hela yn ffurfafen y deau ac awel ladradaidd yn miniogi'r blas.
Dros y clawdd â ni i gae Moelifor a'r ddau faril yn hongian yn
ddiniwed, ond wrth ddynesu at gwr Weun Dywerch dyma'r ddau'n
caead mor llyfn â llithriad bysedd i faneg silc. Roem yn nesu at
ddaear o drydan—y ddau heliwr yn llechwreiddio drwy'r crawcwellt,
a minnau ychydig lathenni o'u hôl â phob nerfyn yn llymias. Sisialad
o gyffro'n eu tynhau i'r eitha:
'''Co'i 'te, Emrys!'
Sbesimen aeddfed yn gwargrwm bori draw ymysg y twmpathau
hesg. Braidd sibrydiad arall yn cynnal tyndra'r gwifrau:
'Cymer 'i, Dan!'
'Reit!'
Dyma godi'r carn lliw siocoled yn solet yn erbyn bôn yr ysgwydd:
un llygad yn dirwyn ar hyd meingefn y baril, ac allan ymhell i orffwys
ar y war dyner yng nghysgod y brwyn, a'r bys yn oedi-wasgu'n
densiwn cam ar y triger. Estynedig rythwn ar barlystod yr annel:
mewn blewyn o eiliad ymrwygodd yr amgylchedd, tafodau byr o dân
yn stabio o ffroenau'r dryll, a'r ddarpar ysglyfaeth yn sbringo-ddihuno
o'i chwrcwd wrth deimlo pelenni plwm yn cosi'r gwellt o'i hamgylch,
ac yn ymddirwyn o'i phellen mewn sbyrt o edefyn llwyd ar draws y
fawnog:
'Jaw' 'na beth od, 'chan. O'n i'n 'nelu'n gwmws 'fyd.'
Sgubiad o siom yn llacio 'nghyhyrau. Ond doedd dim arwydd owns
o ddigalondid ar osgo un o'r ddau saethwr. Ymlaen â nhw'n dalog
drwy Weun Dywerch ac i lawr am Fwlch Cwta, cilfach a ddirgrynai
gan draciau a thyllau cwningod:
'''Co un arall, Dan. Rho drei 'to!'
Rhewi'n drindod! Synfyfyriol dariai hon ryw deirllath o'i thwll bôn
clawdd, yr haul yn ymlacio'i dwyglust, a si'r afon yn tawelu'i llygaid.
A dyma ailberfformio i'r llythyren yr un moshwns: wel rhyw fodfedd
yn fwy cwmws na'r un llythyren yn hytrach. Y tro hwn nid direidus

farchogaeth y cusan fflam a wnaeth y bwndel swci ond suddo'n felancolaidd o fewn ei goflaid:

''Na 'i'r tro 'na 'no, Dan!'

'Jaw' o'dd 'i'n bryd g'lei! Ma' pethe'n shapo 'ma.'

Ailfwrw 'mla'n eto o lain yr orchest am bantle Rhyd Mân. Teimlo'n dipyn o foi wrth gario'r lefret gerfydd ei choesau ôl, a thaflu golwg bob hyn a hyn ar y tyllau bach crwn ger ei llygad chwith a'r gwaed yn dal i ddafnu'n dywyll dros lendid ei boch. Yna, stop barlysol arall chwarter ffordd i fyny'r rhiw: roedd Wncwl Emrys yn cuchio-bwyntio i lawr dros y fron redyn at roncwellt pen clawdd yr afon ar y gwaelod. Ond doedd dim i'w weld ond llif o frigau ffreswyrdd yn ymegnïo tua chyll plyg y ffin. Teirsill o gynnwrf:

'Ma'i 'na, Dan!'

'Jaw' odi ma'i 'fyd!'

Mentro sisial fy nallineb:

'Fan'co dan y manal, 'chan!'

Miniogi amrannau ar dyfiant y godre . . . dim ond paffyn glas a sblash felen yn ei ganol . . . ac yna'r amlinell leia o lwydni'n ymffurfio'n y jyngl . . . prin gysgod gwegil yn cwtsho ym môn y drys-wyrdd. Ond wrth gael y rhithlun i ffocws fe'i chwalwyd gan bowns y pownsiau yn ôl yn un â'r labrinth:

'Cest di ddi, Emrys?'

'Do!'

Do? . . . Deif anhygoel i berfedd y rhedyn. Anelu am y fflam aur yng nghraidd y lasnos. Cyrraedd a'r rhedyn yn tagu 'ngwynt. Chwilio'n gynhyrfwyllt ymhlith tanbeidrwydd y prysgwydd. Dim!

'Gest di ddi?'

'Naddo.'

'Ma'i 'na r'wle.'

'Na 'di.'

'Odi, odi. Drycha'n 'rafon 'te.'

Trydaniad o ganfod! Sypyn hirfain yn gorwedd dros garreg a'i phen yn y dŵr, ac edefyn ar edefyn coch yn dirwyn o fôn ei chlust gyda'i dreigl. Dod yn ôl â hi mor wridog orfoleddus â sbaniel. Ac adeiniog gario dwy droffi'r prynhawn ar ôl fy nau arwr yn y goleuni tua chopa Esger Onwy, a swper o gig gwyryfol.

Ond roedd i'r nos hefyd ei hiasau, iasau a arswydai'r gwaed rhag cwsg a demoneiddio slyrian y gwdihw o'r coed yng nghefen y ffermdy. Clywais fod y Ladi Ddu'n cerdded hwyrnosau'r gaea bob cam o Cross Hands i Groesffordd Mownt. Cafodd ei gweld yn llwybreiddio'r unigedd yn gysgod talsyth, ei hesgidiau'n ddistaw, ei gwisg yn siffrwd, a'i phenwisg uchel yn ara ddiflannu dros grib Bryneinion ar noson olau. Stelcian wedyn, mae'n debyg, fel delw o dywyll dan dalcen y rhic wellt ar gomin Blaeneinion. Ac fel 'tai un ddrychiolaeth ddim yn gwneud y tro, roedd sôn hefyd am fod arall, yr ochor draw i'r Banc y tro hwn: ffigwr rhyfedd yn loetran ar drofa gaeedig Garthddulw'd Fawr ar y ffordd i Ben Cae. Ond Ladi Wen oedd honno, ac o natur fwy encilgar na'i chymhares ddu yn ôl pob siarad. Arferai eistedd-wyro'n darllen yng ngolau cannwyll ar ben y clawdd: crymu'n ei hunfan, drwy'r oriau mân, yn wrach glaerwen gyda'i fflam yn crynu drwy'r gwyll, ac os daliai droed yn nesu llithrai dros y berth i guddio a'i gŵn anferth yn fflapian o'i hôl.

Ac roedd 'na ddau lecyn arall a oerai'n cefen tua'r cyfnos. Y llwybyr o Flaencletwr drwy weun Rhosgoch Fach i dop Blaeneinion oedd un. Anesmwyth sbïwn ar hyd-ddo gyda'r gwyll ambell waith o glos Esger Onwy: dychmygu ail-weld ffurf y gannwyll gorff honno a welodd Mam yn hwyr un nosweth fola buwch ar ei ffordd yn ôl o hebrwng cymdoges bishyn adre wedi sesiwn hir o gwmnïa. Yn ddisyfyd, hoeliwyd ei sylw gan smotyn o olau'n ymddirwyn gyda'r ddaear o gyfeiriad cae ffin Blaencletwr. Credu'n siŵr mai dyn ar geffyl oedd yno ar ryw berwyl diweddar dros y rhostir. Ond fel y dynesai led byrgae i ffwrdd doedd dim trwst llawcian carnau i'w glywed drwy'r wernen o gwbwl, dim ond y crwn olau mudan fudan 'ma'n para i sgimio wyneb y cyrs tuag at iet derfyn Blaeneinion, yn fflachio drwy'i chledrau heb foddran gymaint â'i chilagor, a gadael y noson lednais o'i ôl yn annaearol o rynllyd. Erbyn hyn, gwyddai iddi fod yn dyst i siwrnai toili ar draws y Banc: dyma'r llwybyr y byddai angladd Tomi Blaencletwr yn ei gymryd drannoeth tua mynwent Pen Cae. Ac roedd ei ragflaenydd yn dal i gorco-fflicran o hyd draw drwy'r llwyni drain ar ymylon y caddug.

Y llecyn arall oedd adfail Glanrhyd ar gychwyn Cwm Cletwr. Wrth gerdded adre o'r ysgol ym môn gaea, roedd cysgodion nos wastad wedi crynhoi dros ei ddyfnder erbyn imi'i gyrraedd. Nadreddai ysgryd o'r corun dros yr wyneb i'r gwddwg a'r war fel y down allan drwy lidiart Rhydlydan i ddistawrwydd yr hewl: y tawelwch cyfyng bob tro'n ailgonsurio'r olygfa a welodd y ddau was ffarm hynny'n ei thramwyo wrth hwyr ddychwelyd o Dalgarreg ar noson o ha. Roedd y ddau newydd ddod allan o'r cwm, ac wedi aros i sgwrsio ennyd yn yr awyr lariaidd cyn ymwahanu wrth Lanrhyd, un i mewn i'r bwthyn a'r llall yn ôl dros y rhiw i Rydlydan, pan ddigwyddon nhw ddal goleuni'n stribedu o'r ochor arall i lawr dros riw'r Whilgarn. Roedd ei gyflymder llonydd ar awr mor hwyrol yn ddirgelwch. Penderfynodd y ddau aros i weld pwy a ddisgynnai tuag atyn nhw â'r fath sbîd. Ni allai fod yn feic, ac roedd yn llawer rhy dawel i fod nac yn gar modur nac yn fotor-beic; doedd dim clep pedolau ceffyl i'w glywed yn nesu chwaith. Fe'i gwelon nhw e drwy'r dail yn llithro heibio tyddyn Black Lion ar odre'r rhiw, ac yn sgubo i'r golwg ar dro'r bont tua Glanrhyd. Fferrodd y ddau: rhyw ddwylath oddi wrthyn nhw, a rhyw lathen uwch wyneb y ffordd, fe'u distaw basiodd heb gymaint â thorri blewyn ar sisial yr afon gerllaw; cyn iddyn nhw ddadrewi roedd wedi bownsio ddiflannu i fyny'r rhiw am Flaencwm-patsh. Dridiau'n ddiweddarach, gwelwyd angladd yn dirwyn i lawr dros riw'r goleuni ac i fyny rhipyn ei ddiflaniad. A'r goleuni echryslon hwnnw, a oedd yn gymaint rhan o dawch y gilfach, a deimlwn innau'n cyson frwsho heibio imi wrth furddun Glanrhyd dan wyllni pump o'r gloch ar brynhawniau Rhagfyr.

Brodyr i'r arswydau hyn oedd rhai o'r tramps a grwydrai'r Banc o bryd i'w gilydd. Gweld ambell un ohonyn nhw, â llam dierth drwy'r cylla, yn gwargrymu arni am ben y lôn o'r Groesffordd. Cynyddai'r llam wrth i'r pen hydiog droi i lawr am y tŷ. Gwibio wastad i'r gegin rhagddo. Ei glywed yn bloesg fegera yn y drws am damaid i'w gnoi gan 'y misys'. Shyfflai wedyn fel bwgan i dop y clos i aros i'r tegil ferwi. Ei wylio drwy'r ffenest, o ganol y llawr, yn dygnu ar gwlffau bara a chaws, ac yn traflyncu'i fasned te. A'r tensiwn yn dal drwy'r cylla wrth iddo gilsbïo dros yr ymyl â llygaid gweld-popeth yn gwmws 'run fath ag ambell gi strae weithiau'n sgwlcan o fowlen laeth y cathod wrth ddrws y beudy.

Ymweai rhagor o gorynnod drwy'r perfedd wrth ganfod brig carafán sipsiwn yn crafu i'r golwg ar dop Pantrasol. Yr haul yn troi'i tho yn anferth o benglog sgarlad, ac wrth nesáu yn peri i'r llinellau melyn ar draws ei chorpws llwydlas ymnyddu fel seirff. Arswydlon o gorffolaeth yn ymlwybro'n heglau i gyd i lawr am bant Sarne:

'Ma'i'n hir yn dod lan g'lei. Ble ma'i 'te?'

''Di aros yn gwli'r gwaelod siŵr o fod.'

Ond na, roedd ei chrwmpyn o'r diwedd i'w weld drwy'r coed yn tynnu-ddringo'r gorifyny, a phedolau'r ferlen erbyn hyn yn ergydio'r ffordd yn siarp. Dynesai'n lloglog gydag awgrym o fygythiad: gyrrwr melynllyd yn rhyw wyro hongian o'i siafft, cwpwl arall o wynebau copor yn rhythu allan o'i pherfeddion, ac erthyl o boni'n baglu ganlyn yr holl gethern wrth bisiyn o raff yn y cefen:

'Ble eith 'i o' Groesfforrdd nawr?'

'Dim lawr ffor' hyn gob'itho.'

Na, dal ymlaen ar hewl Mydroilyn a wnâi, diolch byth. Ond doedd y perygl ddim cweit drosodd:

'Ma'i'n siŵr o droi miwn i dop Blaeneinon dros nos.'

'Na wir, h'ibo ma'i'n mynd.'

'Ife 'te . . . Ie! Whiw!'

Yffach o ryddhad oedd ei gweld yn llusgo ddisgyn o'r golwg i lawr am bant Bryn.

Yn wir, roedd yr ymddangosiadau 'ma fel pe baent yn hawntio'r Banc: dros arall eisteddwn gyda Dannie Ddolwilym ar ganol yr hewl uwchben brest redyn Esger Onwy—y cwm yn doreth o gysglyd a'r afon yn winco'n gellweirus drwyddi—ond o unman dyma stwffwl o beiriant yn dargwympo iddi rownd y tro ucha gyda bonet barus, cuwch o winsgrin a tharpowlin rhonc dros grwc y cefen—confoi o loris armi! Mor reddfol â stampîd cwningod y pant i'w warinod dyma jwmp ar ein gyddfau i'r noddfa redyn. Swatio yno yn nhewdra'i dyfnder, wedi anghofio am bresenoldeb ei lleng nadredd, a'r amlinell lwydaidd yn malwodi heibio, yn wir mor falwodaidd â 'thai'r holl anferthedd yn rhyw aros uwch ein pennau. Ond ymgripian arni roedd hylc ar ôl hylc ganfasog yn sgowlio'u ffordd am Fwlch Cwta gan roi sawl sgegfa i'r cangau isa wrth grwbanu o'r golwg. Ac wrth encilio, treiddiai pytiau oerllyd o leisiau o'u crombil i fyny i galon ein lloches.

A hefyd weithiau, jyst ar ambell nosweth leuadwyllt gymylog o aea, taerwn 'mod i'n gweld drychiolaeth lawer mwy modern na thoilïod a chanhwyllau cyrff yn ymsymud draw ar giliau'r Banc: hedai hon yn isel boenus o orwel y de-orllewin, ei hadenydd yn welwlas a'i pheiriannau'n sgrechen yn fud wrth ddynesu. Rhithlun o gysgod yn llanw'r nos . . . yn ymdrechu-ddiffygio uwch trwyndir Ddolwilym . . . ac yn ymffrwydro'n ddistaw i dywyllwch y coed. Yna . . . dychwelai'r lloer drwy'r llen gwmwl gan erlid y malurion fel pwff o fwg o'r canghennau, a dim ar ôl ond terfyn o ffawydd noethwyn yn y llifolau.

Ac fel 'tai'r rhain oll ddim yn ddigon o giwed roedd Anti Mag hithau'n go actis o ychwanegu atyn nhw gyda chymeriadau'i storïau hwyrol. Llithiai ellyllon y gorffennol yn ôl i'w llys o flaen fflamlas o dân glo caled. Yno'n amal i'n mysg ymlithrai lladron ysgeler Ogo Dderwen Goch. Gweld eu silŵetau cam yn sleifio ymhlith cysgodion y lamp oel dros y palis. A'u cyrff yn ysgwyd-hongian gerfydd wynebau gleision rhwng gwelwder y cig moch wrth drymder y distiau. Wedyn ailddewinai ddrama'r lleidir defaid hwnnw y digwyddodd dau o weision y Banc faglu'n ddiarwybod ar ei draws wrth ei anfadwaith ar y noson dywylla yn y byd yng nghysgod perth eithin ar y rhos. Y tro hwn yn nyfnder y cornel rhwng y seld a'r cwpwrdd bwyd y cyrcydai'r llechgi:

> Wrth i'r ddou jwmpo dros claw'r ffin buon nhw bron disgyn ar ben dyn yn dwgyd dafad. O'dd e 'di 'chlymu hi ac wrthi'n 'i chodi ar 'i gefen. A 'ma fe off 'te, gollwng y ddafad lle o'dd hi, a'r bois ar 'i ôl e'n gro's y Banc. O'n nhw'n crafu'i gefen e am ddou led ca'. Ond 'wedodd un wrth y llall: 'gad 'ddo fe fynd, ti'n cl'wed sŵn 'i siest e, 'ŷn ni'n gw'bod pwy yw e nawr.'

Y tro nesa cael fersiwn gwahanol o'r chwedl: yr un amser o'r oriau mân oedd hi, a pherthynai'r un chwimder i naid y bechgyn dros frig y berth, ond roedd y diweddglo'r ochor draw iddi'n swta feinllym o wahanol, ac yn peri i iasau dipyn miniocach wanu o gornel anolau'r seld:

> 'Na lle o'dd e'n hwdwg mowr du dan y cropin 'ithin wrthi ffŵl owt yn clymu coese'r ddafad. O'dd y bois yn mynd i gydio 'n'do fe, ond welon nhw gylleth yn sheino'n 'i law e. 'Wedodd un 'tho'r llall: 'Gad 'ddo fe fod, ma' pegneth 'dag e.' A chil'o'n ôl 'neithon nhw, a gad'el llonydd 'ddo fe fyn'nny'n y tywyllwch 'da'r ddafad.

Codai sgubiad o groen iâr â dwy stori arall hefyd, yn enwedig yr un am yr adyn hwnnw a arferai ladd lloi ac ŵyn mewn sgubor anghyfannedd ar y rhostir berfedd nos er mwyn gwerthu'r cig adeg y rhyfel. Roedd wrth ei bodd yn delweddu'r awyrgylch o fewn yr adeilad unig hwnnw: y rhaffau pry cop yn crafangu o'r trawstiau yng ngwawr wenlas y llusern, y glaw a'r gwynt wastad yn treblu unigedd pell yr hen ladd-dy, a diogelwch cilwenog y cyllellwr wrth ei waith. Pistyllai'r tân yn sgarlad o'i galon drwy farrau'r grât, ac ochneidiai'r coed yn yddfol wrth i'r fflamau dorri i'w cnawd. Ac roedd y tân yn ymateb 'run mor iasol i'r llall: codai'i adlewych i garlamu'n broffeil drychiolaethol ar draws y nenfwd wrth i'r cyfarwydd fanylu ar hediadau Ianci Llwyndafydd dros fanc Pantrasol:

> 'Sech chi'n digwydd bod mas yn hwyr, ac ynte bytu'r lle, o'ch chi'n ca'l digon o sians i gwato, wa'th o'dd e i' gl'wed yn dod o bell, sŵn carne'n bwrw'r ddaear. Wedyn 'na i gyd o'ch chi'n weld o'dd 'i gysgod e'n dod o'r tywyllwch yn gweiddi 'wff y Ianci!' fel whibanog, a'r ceffyl yn jwmpo'r cloddie'n llinyn h'ibo chi.'

Roedd naws yr un ysgryd o gylch y ddwy hen garreg fytholegol a lechai bob ochor i'r Banc. Swatiai Carreg Filgi ar waelod fron ganol

44

Esger Onwy Fawr yn y cornel ar lan yr afon. Carreg fedd oedd hon, bedd milgi rhyw fonheddwr a dorrodd asgwrn ei gefen rywbryd wrth wibio ar ôl sgwarnog i lawr dros serthni'r llether. Sefyll droeon ar ben y talp fflat-drwchus oedd bron ynghudd ganol ha ymysg drysi a rhedyn y fan, a gwrando arno'n darlunio'r cwrs angheuol hwnnw i lawr dros y llechwedd: sgwarnog draed trydan yn ei ruban glirio, a chymalau o filgi ar ei chynffon yn twmlo'n yfflon i'w dranc, a'r heliwr yn dwys gladdu'i eilun wrth gydymdeimlad y dŵr. Ac yno, yng nghlydwch rhonc yr orweddfan, y llonydd arhosai'i esgyrn chwimwth o hyd: sildod y graean yn ymwau tano, a phalfes Weun Dywerch yn plygu drosto o'r ochor arall.

Roedd y Garreg Goch rywle-bobman yn y prysgwydd ar lan nentig Pantrasol dan gyrion Pant Lluast. Dywedid bod rhin feddyginiaethol at wella tyfiannau ar groen yn y gwlybwr cochlyd a hidlai allan o'i marl. Ei chwilio filwaith, ac weithiau teimlo'n siŵr 'mod i wedi'i chael yn snyglan ymhlith plethwaith y drysni: culsyllu . . . disgwyl . . . ewyllysio, ond 'run o gnapiau llwydlaith y dwylo'n dangos dim arwydd o gynhyrchu'r bwrlwm gwelwa o liw. Ac o fethiant i fethiant tyfodd y ddinod hon yn drysor perlgoch yn llygad y dychymyg, maen a sibrydai'n ddiderfyn am y dirgeledigaethau rhyfedda. Beth bynnag, dirwynai pob ymchwiliad seithug i ben yng ngheunant Rhyd Mân lle'r oedd tyllau surion y moch daear, o leia, yn hawdd i'w holrhain dan big y cware. A bonws o iawn am ffaelu mor gyson gyda'r garreg rithiol oedd ymwasgu gyda'r afonig i'w byr-dwnnel dan yr hewl i ymbalfalu tua'r llygedyn a lwydwynnai yn y pen draw: sail yr ogo'n llithrig dan y bysedd, a'r to'n diferu chwarter modfedd uwch y gwallt. Bob tro, enynnai'r dyfnder caeadgrwn ias o fogfa i'm nodwyddo i'w stwnsh-stanshan hi'n wlyb domen am agen yr ymwared yn y pellter agos.

I fyny ar rimyn yr ochor arall glynai ffermdy Moelifor yn hamddenol dremio i lawr am gysgodle Bwlch Cwta. Yno, y tymhorol ddygnai Shincin, Mari Ann ac Alff i ddiwyllio'r ysgwydd uwchben y dwnshwn. Shincin yn Garnera cymdogol galonfawr ac wedi perffeithio'r greft o regi hyd at fod yn gelfyddyd orffenedig o naturiol; Mari Ann yn werin-glamp o fenyw esgyrnog wynepgoch, ac Alff y stocyn o was capanog, brodor rywle o berfeddion Lloegr, ond a ffraethai lifeiriant o Gymraeg ailieithog yn gymathiad cynhenid o ddefnydd ei ddau gydbererin. Ie, Alff Moelifor—herald di-ffael y gwanwyn: wastad yn pereiddio hwyr o Ebrill â chlician ei dafod fel rhyw geiliog y rhedyn cynnar wrth gymell-orfodi merlen ac oged dros briddyn cnaplyd Cae Hir, a'i 'cym-on, caseg' mor bedair sillafog

Shincin a Mari Ann,
Moelifor.

gyson â deunodau'r gwcw fwya boreol o gyrrau'r Banc. Dyma setin
un o'r golygfeydd doniola a berfformiwyd rhwng dau gymeriad
erioed: Alff wrthi ar fin gorffen cerddetian gwely coch yr had am y
noson, a Shincin wedi cychwyn ar ei ffonio hi'n barod, er nad oedd
iod o angen y cymorth hwnnw ar gadernid ei ffrâm, tua chyfeiriad
bwlch y cae. Yn ddirybudd dyma Alff yn awdurdodol gyhoeddi wrth
wegil sgwâr ei fistir, drwy glincian yr oged, ei broffwydoliaeth am y
porffor a welai'n suddo draw dros ymyl y Bannau Duon:

'D'wrnod neis fory, Jancyn!'
'Beth 'wedest ti?' (ar dop ei lais gan ryw led-droi'n ôl yn y bwlch).
'D'wrnod neis fory, Jancyn!'
'Shwt ti'n gweud 'nny, 'chan?' (yn dal ar dop ei lais).
'Coc'ni lan!'
'Beth?' (yn uwch).
'Coc'ni lan, Jancyn!' (gan bwyntio at y machlud ysblennydd).
'Ti a dy "goc'ni lan", y jawl bach!' (yn uwch fyth).

A'i bwrw hi tua'r clos gan atalnodi'i lond pen o ddedfryd ar
ddarogan ei was gyda chwifiad diystyrus o'i ffon.

Perthynas ddihafal fel'na oedd rhyngddyn nhw: brynhawn arall o
hydre, Shincin yn dod allan i ben grisiau'r cwrt, ac yn bloeddio nes
bod y coed bratddail o gylch y buarth yn ego:

'Ralph!' (Dim sillaf o ateb yn unman).
'Ralff!!'
'Beth?' (yn floesg o gyfeiriad y sgubor).

46

'Lle wyt ti?'
'Be' sy'n bod nawr 'to, 'rhen jawl mowr?"
'Cin'o'n barod!'
'Rei' o!'

Sionc beniach o ateb o ganol gwâl wellt lle bu'n cysgu'n swît am
ran helaeth o'r bore.

Wedyn digwyddwn weld, drwy ambell gyfnos ha, lond gìg o
gorffolaeth siwtfrown yn cael ei ysgwyd-hedfan am adre, heibio Esger
Onwy, o dafarn Penbont, Llanarth, gan ei winau o ferlen. Hi'n gyfan
gwbl oedd wrth y llyw, blynyddoedd o ymarfer wedi hoelio pob cnwc
a thwist o'r bedair milltir ripynnog ar radar ei hisymwybod. Tymherai
dempo'r sbrint, cyn sicred ei ffêr â gafar ar glogwyn, uwchben dibyn
Rhyd Mân, ac anwesu ongl gwit y troi o Fwlch Cwta am lôn
Moelifor â'r reddf ffeina o ochelgar. A phendantrwydd ei stop, ryw
ddeucanllath i fyny'r llether, yn hysbysu'i mistir pendympiog fod drws
y cartws o'i blaen, ac yntau'n saff yn ôl ar war Fron Bwlyn unwaith yn
rhagor.

A gweld Alff am y tro ola ar brynhawn gwyllog o aea. Ers dwy
flynedd ni chlywyd ffraethineb Shincin yn rhaeadru i'r cwm. Adlais ar
y gwynt yn unig y rhegfeydd cynnes o'r gripell bellach. Dihoenodd
bywyd yng ngallt Moelifor. Dim
ond bwganod mingam a rythai'n
awr drwy esgyrn y coed. Ymhen
dwy flynedd roedd gwyllon yr
heth wedi crino calon y gwas.
Ac ar y prynhawn ola hwnnw,
ymgodymai'i ddwylo chwyddgoch
yn nychlyd â chwpwl o shyrns
gwag o'r stand i'w gart dan
noethni Bwlch Cwta. Y gaseg,
yntau a'i lwyth yn persain suddo
am gysgodle'r bompren, a'i
lediaith frodorol yn aros am
finiogrwydd y gwynt:

'Hwyl 'te, Donald fach!'

Eithr fry ar gorun y Banc, filltir
dda o Fwlch Cwta, roedd awelon y
môr yn codi'n archwaeth o
grochan Cei Bach. Mor ffres y
lleisiau hallt o'r glaslyn hwnnw.

Mari Ann ac Alff Moelifor.

47

Doedd asur ei anferthedd byth yn diflasu'r llygaid: fermiliwn o hwyrnos yn ei lyfneiddio weithiau, goleuni'r bore'n ei sbriwso i gyd bryd arall, a chythruddai ambell brynhawn garw'i wyneb yn guchiau llwydwyn. Bore agor dirgelion oedd mynd gyda Anti Mag i lawr i Draeth Gwyn am y tro cynta erioed. Dadlapio'i ddieithrwch o'r grisiau pren uwchlaw iddo: y llynclyn pryfoclyd a fu'n gymaint o bysl gyhyd. Ond roedd yr agosrwydd yn dyfnhau'r miragl; nid glas o gwbwl oedd mynwes hwn, ond y gwyrdd mwya tryloyw a hwnnw'n anwylo dros ddoldir o aur, a'i anadl yn fil mwy nwyfus na'r whiff o halen a gosai'r ffroenau ar fanc Rydeinion. A'r bwthyn uwchben y plysh melyn yr arferai Anti Mag ei ddarlunio mor gyfewin, yr hafan lle'r oedd ei hwncwl yn byw: ble'r oedd hwnnw? O, yn adfail i fyny acw dan y clwstwr helyg. Ac eto fe'i gwelwn: gwynder y gwelydd, llwyn rhosyn yn y cwrt, disgleirni'r drain yn cofleidio llain y talcen, grisiau cerrig yn tripio at ddireidi'r swnd. Rown wedi annelwig glywed oedolion yn sôn am ryw 'nefoedd ar y ddaear' neu rywbeth yn debyg, o bryd i'w gilydd o'r blaen; rhaid mai'r llecyn hwn oedd gyda nhw mewn golwg!

Ond os mai gwynfa o sibrydion oedd Traeth Gwyn ar fore o Awst, cnwcyn o ferw gwerinol oedd banc y rasys ar brynhawn arbennig o'r un mis. Tyrfa ymblethog ar lwyfandir yr haul wedi ymgolli yn nhwymyn y merlod rasio. Ymdroellai mwg berwi te drwy do sinc y sièd yng nghornel y maes, brwdfrydedd gwragedd o gylch y brodwaith stondinau, mwstwr cyfeddach o'r tent cwrw, croch ddeniadau'r bwcis dan sbloet eu hymbaréls. Ac ambell waith yng nghanol y babel roedd dau feddwyn yn dargwympo-ddringo i dreiler swyddogion y post terfyn i'w droi'n ring i setlo rhyw fatshen o anghydfod a fflerwyd gan fir y prynhawn.

Ond dyna ddryll y cychwynnydd yn atsain uwch pob cythrwfwl, a swib o ras arall yn dechrau ar ddrymio'i ffawd o gylch y trac, yn sbarduno disgwyliad newydd i ddringo'r dorf:

''Na'i off 'te!'

'Ma' Landy 'mla'n yn barod!'

'By Jove that grey dame's goin' well!'

'Landy 'mla'n o hyd, bois!'

Gweld dilyniant o yddfau main yn nofio arni fel pennau elyrch rownd i gwr pella'r banc. Ambell dancwr peint-ddwrn o chwilfrydig yn dod mas i rythu o fflapyn drws y tent. Ac un neu ddau fetiwr mwy penboeth na'i gilydd yn cymryd cwrs draw am raff y trac i hysio-gymell eu ffefrynnau wrth dabyrddu heibio:

'Cym ôn! Gwasga arni, bachan!'

'Jawl, shapa lan, gwdboi!'

'Dal miwn, ti ddigon 'mla'n!'

Pen drabŵd o chwys yn ffleian heibio'r postyn, a llen arall o seibiant yn disgyn dros gynnwrf y cae:

'O'dd e hewl 'mla'n, bois!'

'Enillest ti, Tom?'

'Do, tro 'na 'no!'

'Towla'r ticed 'na, Dai!'

'Bite malwaden hwnna, myn yffyrn i!'

'Paid becso. Dere i ga'l peint.'

'Sdim byd fan hyn 'no.'

'Ma' dwy ras 'to, cofia.'

'Peint gynta 'ta beth!'

Ac yn fuan roedd y dydd yn swilio, y sied a'r tent yn ymddistewi a'r ponis i gyd wedi blino. Ond eto daliai'r ddaear i grynu gan eco carnau fel y dirwynai'r fflyd o dryciau i lawr am ben lôn Pantrhiwddules, a Ben Polis yn eu hawdurdodol gomandio allan i ffordd a oedd yn ddu gan gerddetwyr yn bwrw am adre.

Trycs ennyn chwilfrydedd, ond serio braw ar lygad a chalon a wnaeth yr ambiwlans gynta a welais yn y fro. Mis Medi oedd hi a'r ardal yn felyn gan rwshal cywain. Whap 'rôl cinio daeth y newydd i fanc Esger Onwy fod Ifan Defi Pantrasol, y tyddyn ar lether y brest gyferbyn, wedi torri pont ei ysgwydd drwy gwympo o frig helem. Cyn hir, olwynai'n sgwat-sidêt i lawr y rhiw o'r Bannau Duon: fan lwyd-gorffol â chroes goch ar ei hochor, ymgorfforiad o welwder poen a chochder gwaed. Wrth balfalu draw am y ffermdy, roedd croes yr ochor yn ein plwm wynebu ac yn sgarladu'n llawer tanbeitiach. Ni bu fawr ar glos Pantrasol. Dychwelodd yn arafddwys: dychmygu Ifan Defi wargam lygadog o'i mewn yn ochain-ymwingo'n ei boen ac esgyrn top ei gefen yn y golwg. Diflannodd fel aderyn liw lludw dros y terfyn ag un o'r cymdogion addfwyna yn ei chrafangau.

Ac yn wir argoel o drychineb gohiriedig oedd yr aderyn llwytgoch. Y flwyddyn ganlynol cafwyd fflamwyn o gynhaea gwair. Y llwythi'n crasboeth lanw'r sièd, a shinc y to'n sgaldian ysgwyddau'r gwastotwyr wrth fodfeddu ato fe. Gydol y tridiau canlynol bu'r cynnwys yn cudynnog anweddu drwy'r agennau. Ond yn fuan fe stopiodd ar ei gwircs a chlaearu ar ei wâl. Tybiwyd ei fod wedi bwrw'i bwff am flwyddyn arall. Ond llwynog o wair oedd hwnnw: llugoer ymdawelu ar yr wyneb ond eiriasu yn y dyfnderau 'run pryd. Un prynhawn Gwener, yn ystod amser chwarae, fe chwyrnellodd brigâd dân heibio'r ysgol yn ynfyd gan glychau. Cyffro eiliad, a'r dadwrdd yn pylu ar riw Graig. Ond wrth agosáu at ben lôn Esger Onwy ddwyawr yn ddiweddarach roedd brigâd wallgo'r prynhawn yn danlli stond ar ganol y clos a'r cyfan o'i deutu'n Gehenna o gynnwrf: tafodau fflamllyd yn chwifio drwy ochrau a tho'r sièd wair a bodau rwber mewn drycin o frwydyr â'r infferno. Poerai'u pibelli alwyni o ddŵr ar yr ogor pereiddia mas, a hwnnw'n dal i wreichioni o'i berfedd. Yna'r dynion yn sgathru wrth i'r sièd gwympo drwy byst o siarcol; bwyellu ar y llanast shinc wedyn, a thractor yn crochlusgo'r cwbwl o'r clos. Doedd dim ar ôl ond nos o ha'n llwydo'n chwerw o farwor, a'r gwyll yn sisial oerfel o bryder drwy'r galon: rhaid prynu gwair nawr ar gyfer y gaea.

Ond ymhell cyn i lengoedd hwnnw ymgrynhoi dros rosydd y dwyrain, llithrodd dyfodiaid tawelach o lawer i fynwes y Banc, adar Awst i nythod y gwanwyn: y MacMahons i Flaeneinion a'r Abbots i Bantrasol. A'r Medi hwnnw drifftiai acenion llawer mwy chwithig o anghyfarwydd drwy'r llwydwyll Cymreig na rhagarwyddion o aea cynnar.

Ac yn wir, ymhen mis roedd y MacMahons yn amlygu arwyddion i gyflwyno dipyn o liw newydd i'w hamgylchfyd didrimins. Estynnwyd gwahoddiad i rai o fois agosa'r gymdogaeth draw i Flaeneinion i barti pen-blwydd eu merch Brenda. Clampen o sgytwad i'r cyfansoddiadau gwledig: prynhawn o jeli, blymonj, mefus ac eis crîm mewn gwenau o Seisnigrwydd ynghanol Medi nipiog y bencydd. Ond unwaith y'n gollyngwyd yn rhydd o'r sbleddach i ryw chwilota-chwarae o gylch y tŷ, fuon ni bewc cyn adennill ein priod hunaniaeth. Digwyddon ddod o hyd i focs a'i lond o garbed gwynllwyd iachus yn y garn ddrangwns yn nhalcen y beudy—gwaddol hen lamp garbed motor-beic Ifan Blaeneinion gynt siŵr o fod. A dyna gynhenid o gynllun mewn gweithred: cael gafael mewn hen dun syryp ymysg y sbarion, agor sbotyn o dwll yn ei bart ôl â phisyn o harn cyfleus, torri dernyn o'r carbed a'i roi ynddo, cau'i glawr yn dynn, troed ar ei ben a phara i ddal ein matshys lladrad wrth y twll i'r carbed gynddeiriogi ddigon i sgubol flastio'r caead i ffwrdd . . . a dyna lle bu cyfres o ffrwydriadau brodorol wedyn yn diasbedain y gweddill o'r prynhawn i'w derfyn.

Ac o'n cylch ym mhobman roedd yntau'r Banc ei hunan mor ddiystyrllyd, yn ei sofraniaeth syml, o unrhyw fewnfudwr ac estroniaith, Brython y Brythoniaid a'i air yn ddeddf. Yn rhyfeddol o glou murmurai'n orenwyrdd drwy'r ŷd ar dop Ddolwilym, gan atgoffa Dannie a minnau eto i ymweld â'r cylch rhaib lle cwympodd yr awyren. Ac yno'r oedd fel craith ysbrydlawn ynghanol helaethrwydd y cnwd: y corsennau'n ddychrynedig o denau dros ei chroen, y tân yn llechu'n ddiafol odani, a sgriws a mân ddarnau o fetel yn mynnu ymwthio'n ddirdyniadau glaslwch i'r wyneb o hyd. Ac fel 'tai'r pridd llosg yn ein witsho ninnau hefyd rhaid oedd cynnau'n matshys bythol, mewn cysgod llaw, wrth fôn cropin eithin ar bwys. Ymgyffroi drwom wrth wylio'r fflam yn magu hyder drwy'r gwelltach ac yn dechrau ar ffaglu perfeddion y twffyn o ddifri. Roedd y tân yn bygwth cyfeiliorni ar ei glindarddach a'r gwres a'r mwg yn difa'r gymdogaeth. Ond gyda hyn, dwylath o adwy yn nhrwch y clawdd yn lleddfu'i anterth, a'i fysedd yn crafangu ar draws y gagendor, yn ennill edefyn o afael yma ac acw cyn plymio'n ôl i'w tranc, ac ias yr hydre'n ailfywiogi dros y darren.

Cyfnosau Medi: roedd yn adeg rhoi mantel newydd yn y lamp Aladin. Cyfareddol y broses honno: Mam yn tynnu'r teclyn pincwe o'i focs, dal matshen gydag ymyl ei fôn, a'r pwff o fflam yn ysu'r pincrwydd yn wynder o fan-dyllau. Ac ar ôl ei garcus asio dros y wic, ac ailosod y gwydyr amdano roedd y dechnoleg sensitif yn barod i'w goleuo. Ar y cychwyn ymddistyllai gwawr grasboeth o bur drwy goethder y we a chrisialwedd y gwydyr. Rhaid oedd bod yn gynnil bob nos wrth gynnau'r wic odani, a'i diffodd â'r anadl deneua rhag ei chwalu fel paill, ond er y tynerwch mwya gofalus yr un, yn hwyr neu hwyrach, fyddai'i thynged bob tro: fel yr heneiddiai roedd y fflam yn anochel losgi darnau ohoni'n grach tywyll o farwor; byddai angen ei gostwng wedyn am sbel i roi cyfle i dirionwch y croen adfer ei lendid, ac mor ara . . . ara'r ymdoddai'r düwch yn iechyd o wynder tan ddiffoddiad oren y wreichionen ola. Dyma'r ciw i'r hen orffennol ailymysgwyd o'i slwmbran i feimio ennyd yng nghiliau'r gegin cyn i ddyrchafiad y wic ei rusio'n ôl yn go ddiseremoni i'w lechfa. Ond techneg i fyr ohirio'r anorfod oedd y dadlosgi: mewn dim roedd gronyn o dwll yn lledu-besgu ar freuder y fantel a'r gegin yn llawn o hisian y fflam yn byrlymu drwyddo. Roedd yn bryd tynnu pincrwyd fach arall o'i bocs i'w hudolus gychwyn drachefn ar ei byrhoedledd i sgafnu dipyn ar nosau cynyddol yr hydre.

A thrwy nifer o'r rhain yr arferai Anti Mag gerdded y rhipyn trafferthus o Lanarth i frig y Banc wedi sesiwn o siopa. Eisteddwn innau'n ei disgwyl gyferbyn â phentwr o dân mond: pelenni twt o lo wedi'u ffurfio gan declyn tebyg i sgŵp hufen iâ â phlwnjer yn ei ganol i dorri crwndyllau drwyddyn nhw. Braf oedd gwylio'r edafedd o fflamau'n egino drwy'r rhain gan sigl-ymdaenu'n gnwd o dân iraidd.

51

Yn fuan roedd yr holl rât yn ymfoethuso'n ddryswaith o ddrain, hesg a rhedyn gydag ambell sbri o flodau'n eiriasu rhyngddyn nhw—reiet o jyngl a honno'n llithio'r hen frodorion yn ôl o'i dyfnderau i adleisio dros y gegin. Ac wedi laru ar ddilyn eu hymlusgo drwy'r fforest, codi llygad i grwydro dros greigdir marŵn y wal o'm blaen. Os siglen o goedwig y tân, panorama o beithdir oedd hon. Crychdonnai'i hwyneb am hydoedd, ac wedyn gerwino gau'n agennau o ganyon, cyn ailagor yn filltiroedd o fesas a chactys drachefn. Ar ôl disbyddu golygfeydd y rheini, dechrau ar ddarlunio trec Anti Mag am adre drwy'r fagddu o Lanarth, ar yn ail â pheintio'r rhai o'r danteithion a lechai yng ngwaelodion ei deufag. Mynd heibio plas y Gwynfryn a dynesu am dywyllwch pont Llyffanog; dringo wedyn am uchelder capel Pen Cae. Rhaid bod y bagiau'n dragio fel talpiau o blwm wrth ei breichiau erbyn hyn. Tynnu 'lweth am ben lôn Nantmeddal Fawr a throfa anfad Garthddulw'd: gobeithio nad oedd y Ladi Wen ar ei heisteddfa'r noson honno. Dal ymlaen tua thop hewl Speit a phant Rhydeinion, ac yna'r awyr yn goleuo wrth ddringo esgynfa ola'r Banc. Roedd hi mor dragywydd o ara'n cyrraedd bellach, ond gwyddwn mai ar eiliad ddiarwybod y byddai'n landio—llais o'r nos yn dal yr hirddisgwyl ar foment o hepian:

'Agorwch y drws 'ma 'te!'

Rhuthr i godi'r latsh i ollwng y Santa cydnerth i'r gegin, a'i wylio â dannedd gwlyb yn gwireddu afalau, orenau a bananas y breuddwydion dan ddisgleirdeb yr Aladin.

Ac roedd wedi llogi cerbyd eto i'n cludo i ffair Aberaeron ganol Tachwedd. Awchus fyddai'r disgwyl wedyn am y nosweth honno. Nefolaidd oedd disgyn y milltiroedd o gaddug yng ngolau cul y car, ac yna ar dro Clogfryn, yn union danon ni, sydyn ysblander y ffair yn difa'r tywyllwch. Roedd gyda ni deirawr i'w treulio ymhlith rhialtwch y stondinau. Sgubai'r swings a chwyrnellai'r bympers y nos o'n hamgylch. A choethai'r bythod ships a'r hot dogs y gwynt drwy Bwll Cam o gyfeiriad y môr yn gyson, a llymdra'r Banc ymhell. Ond ymhen ein hamser i'r funud roem yn moduro'r Clogfryn eilwaith, y mil goleuadau'n trengi ar y tro, a ninnau'n bwrw'n ôl drwy ddüwch yr ucheldir i wynebu'r gaea.

Bellach, roedd ôl newyn Ionawr yn ddwfwn ar fywyd y Banc: arwydd bod diwrnod lladd mochyn ar bwys. Onid oedd y blociau papur-llwyd o halen halltu wedi landio'n barod yn eisteddle hwylus imi eto'n erbyn wal y pentan? Mynd i ddyddiol wylio'r porcyn nawr yn trachwantu drwy slops ei gafan: stond godai'i ben mewn direidi o drem cyn sglaffio'n ôl arni eilwaith â'i holl safnau. Ond gwyddwn fod y cig yn prinhau dan y llofft a'r heth yn conio iddi o ddifri. Weithiau Dan Ddolwilym oedd y bwtsier. Ben bore yn y gegin, cyn cychwyn ar y fusnes, tynnai gyllell feinllyd garnddu o'i fag, a chlymu darn o gorden ryw hanner modfedd o'i bôn:

'Ma' cym'int â 'nna siŵr o fod yn ddigon i fochyn G'ladys!'

Roedd dydd y lladd fynycha'n awchlym o galed, awel fel ellyn o'r rhos a llygad yr awyr yn folwyn oleulas. Fe'i hagorid yn swyddogol fel 'tai gan dri o gyrchwyr solet gyda rhaff yn rowndio cornel y stabal tua'r twlc. Yn ddiymdroi, slyriai nodau o brotest o ddyfnder y cefen dros gant y beudy, a phac gwichlyd yn sgrymio i'r golwg o'r gwaelod. Yr halio-wthio'n para ar ei finioca tan i'r fintai orfodi'r deg sgôr i'r allor wellt o flaen drws y sgubor. Yno, tynheid y rhaff nes sythu pen sgrechlyd yr aberth fry hyd yr eitha gan lawn ddatgelu trwchusrwydd ei dagell i lygad y bwtsier . . . A stab y dur yn tynnu nodyn o gresendo o'r fynwes, nodyn a gyrhaeddai'i flaenllymdra ucha i fyny rywle ym mrigau llymrig y ffawydden uwchlaw'r domen. Ac yna'r pistyll fermiliwn o ostyngiad yn dilyn. Llifai . . . rhaeadrai nes mwydo'r gwellt fel pe na bai am stopio byth. Ond wedi bythol o sblasho . . . oedd, roedd 'na arwyddion o deneuo yn ysbryd y ffrwd, sein o lesgáu a gydrythmiai â sigl o wegian drwy ffrâm y mochyn. A chyda'r dafnau ola'n goferu i'r gwellt ymsuddai yntau'n glorwth i'w farwolaeth. Hai ati wedyn! Boileri o ddŵr poethwyllt yn meddalu'r gwrych a grym y sgrafelli'n dadlennu plygion o gnawd pinc: y gwellt yn cochwelw socian dan draed a'r ager yn tyneru'r dwyreinwynt o'r garn. Cwrcwd-syllwn innau ar y rhwyg frasterog yn slwtshan agor fel 'tai'n isel rochian o drychion y gwddwg wrth i'r creadur gael ei foelyd yma a'i droi acw gan frwdfrydedd y dadwrychio.

Roedd y cyfan ar ben whap iawn a'r gelain bincwen yn hongian wrth drawst y sgubor. Sgwrio'r clos wedyn yn berffaith lân a hyrddio'r gwellt gwaedlyd o'r golwg dros ben draw'r domen, cyn i'r gwartheg gyrraedd erbyn godro. Ond er pob ymgais i ddileu holl olion y lladd o'i gerrig a'i rigolau roedden nhw'n siŵr bob tro o synhwyro'i bresenoldeb: wrth ymwaglo fel arfer drwy'r bwlch gwaelod, sydyn chwipiai arwyddion o anesmwythyd dros y cyrff hamddenol: sefyll, codi'u pennau i ffroeni'r awyr, llygadu o'u hamgylch—oedd, mi oedd 'na dang digamsyniol o hallt yn llercian rywle rhwng y coed. Ac wrth sangu i mewn i'r beudy, caent dipyn o start ychwanegol: yr ochor draw i'r corau hongianai clamp o gorff pendrwm yn yr hanner gwyll. Nerfus eu dynesu at y stalau wedyn, stwbwrno rhag yr aerwyon, a dal i aflonydd rythu ar yr hyllbeth o'u blaen drwy'r awr odro. Rown innau'n go anghysurus hefyd wrth basio drws y sgubor y noson honno, ac eto rhyw gythraul mewnol yn cymell sbecianad gyda'r ymyl dop ar y ddrychiolaeth wen yn y tywyllwch, a sŵn blobiau gwaed yn plwmpan . . . plwmpan i'r bwced tani. Methu â setlo i gwsg wedyn wrth feddwl am yr anferthwch marw'n dal i grogi drwch mur o'm gobennydd, yn y düwch, a'r gwartheg druain yn gorfod treulio'r nos yn ei gwmni.

Ac nid y mochyn oedd yr unig ddeiliad dan gwmwl perygl einioes yn Esger Onwy. Doedd yr ieir, na hyd yn oed ambell geiliog chwaith, ddim yn saff o gwbwl ar ambell fore Sul pan nad oedd cig yn digwydd bod yn gyfleus ar gyfer y ford. Âi Anti Mag i mewn i'r cwb ffowls, a dod mas â baich o aderyn fflapiog dan ei chesail a'i gwneud hi am gnwcyn y domen ludw. Yno, tynnai siswrn o boced ei brat, tyn ddal y gwenen rhwng ei choesau a shadachan drwy'i gwddwg uwchlaw'r marwor. Treiglai'r gwaed yn dalpau cocholau dros y cols nes eiddilo'n ddrifil, a'r goflaid o guriadau'n llonyddu'n frest lipa tua'r llwch: cinio dydd Sul arall ar ei ffordd i'r ford!

Caniataol o hawlfraint: roedd yn ddealladwy gyfreithiol iddi hi ddwyn ambell aelod o'r tŷ ffowls ar dro at angen, ond gwae un o'r cŵn a gyflawnai'r weithred honno; blagardiaeth o golled oedd hynny. Barn o angau rhaeadrog fyddai tynged unionsyth yr ysbeiliwr hwnnw, ac enbyd ei gweinyddiad: clymu'r truan mewn sach a sgubo'r bwndel yn ddibardwn tua'r pwll pistyll yng ngraean Onwy. Gorwyllt am dipyn yr ymnyddai'i brotest . . . ac yna dim ond telpyn ildiedig ar waelod y gro—lleidir ffowls arall wedi mynd i'w ateb.

Dydd Arall

Profiad iasoer i grwt oedd cerdded adre dros y Bannau Duon wedi nos. Doedd pethau ddim cynddrwg ar heol fflat y Bannau'u hunain: yno estynnai llydanrwydd daear ar bob llaw, awel gefnogol yn gwmni bob amser, a goleuadau Aberystwyth a'r Bermo draw ar fwa'r glannau yn sgafnu'r caddug. Doedd presenoldeb y myrdd tylwyth teg a suai ddawnsio dros yr unigeddau hyn, yn ôl coel gwlad, dan gyfrinachedd gwyll ddim yn codi rhithyn o ofan hyd yn oed. Yn wir, i'r gwrthwyneb: roedd yr ymegnïo drwy'r eithin a'r ymdonni yn y grug fel pe bai'n iechyd i hyderu'r siwrnai. Ond wrth raddol ddisgyn o'r gwastadedd i bant Sarne, braidd-gychwynnai rhyw naws o natur arall ar gerdded y croen. Doedd 'run awel yn cefnogi wrth f'ochor mwyach, y goriwaered wedi diffodd goleuni'r glannau a'r pant yn cau fwyfwy amdano'i hun. Erbyn hyn roedd ochrau'r gwaelodion yn wasgfa; yn pwyso'n llaith ar arleisiau a thabyrddu'n ferw llonydd 'run pryd drwy'r clustiau—rhyw ymdeimlad o banig fel 'tai myglyd o garthen wedi'i thaenu dros wynt rhywun. Dyma, wedi'r cyfan, gilfach hen fwthyn Siôn Cwilt ei hunan! Bob tro, ymglywn ag ysbryd cynllwyngar

Sarne Gwynion. Mae cilfach hen fwthyn Siôn Cwilt ar y chwith tu fewn i'r llwyni dan y goeden dal.

yr hen smygler yn cilsbecian drwy'r gwrychgoed chwith i gyfeiriad Cei Bach a'r môr. Roedd o hyd wrthi'n disgwyl am amnaid llusern drwy gulni'r cwm o forfa Llethi iddo eto gyfrwyo'i fulod i'w fusnes dywyll, a gwae'r neb a ddigwyddai'i ddal wrth y perwyl hwnnw. Doedd yno ddim i dorri ar gyfyngdra'r undonedd ond prin ddreflu rhewyn bach o weundir Pantrasol yn disgyn ochor arall y ffordd i'r ceunant tua fferm Cwrt ac afon Llethi. Ac nid cyn dechrau esgyn y rhipyn gyferbyn, allan o raib yr hen ellyll, am iet Fron y teimlwn yr awyr yn llacio agor rywfaint ac anadl yn dod yn fwy rhydd.

Profiad deffro ias hefyd, unrhyw adeg o'r dydd neu'r flwyddyn, oedd aros funud i syllu weithiau ar y clystyrau cernydd a'r meini a lerciai o gwmpas y Banc. Ar lwydwyll hydre ymddangosai cromlechi Banc Cerrig Mawr fel gyr o geirw'n pori'r gefnen a'r awel â sang helwyr yn ymsleifio dros y glaswellt atyn nhw. Ac ar fore o Ebrill roedd y cnwc o gefen disymwth ar gae Crug Cou fel pe bai'n ymostwng i bresenoldeb gwanwyn arall. Wedyn ar nosweth fythol o ha, roedd cylch y Whilgarn wrthi'n addoli'r haul a ffaglai uwchben. Ac yn amal cyn cysgu rown mor ymwybodol o'u presenoldeb: yr hen hen fynwentydd 'ma'n anadlu o'm hamgylch yn y tywyllwch . . . a drifftiwn i ffwrdd yn swib myrdd o draed a gusanai'r glaswellt bobman tu allan i'r llofft.

A hyd yn oed drannoeth, wrth frochgáu donci o feic drwy gythrel o gawod ar riw Pantrasol i gwrdd â'r bỳs Cownti, rown yn dal i glywed yr hen gerrig beddau'n chwerthinial drwy'r manwellt o'r pellter. Ac wedi stablu'r asyn am y diwrnod yng nghwtsh isa Pantygrugos, difyrru'r aros ar sgwâr Mownt drwy ddygnu at gandryllio'r rhelyw o'r poteli bach gwynion a styfnigai'n anhygoel o gyfan rywsut fry ar entrychion y polyn teligraff. A'r noson hynny wrth fflat bedlo rhwng dwyglust y mul am adre, daliai goleuni'r casgenni gwin i fig alw dros y cloddiau uchel draw o Foel Gilie ar yr hen Gwilt i'w mentro hi unwaith yn rhagor drwy'r drysni a'r grug i lawr am draethell Cwm Tydu.

Bryd arall, ar dro, cawn fy nihuno berfedd nos gaea gan lusern o fath arall, ac nid llusern bell ledrithiol mo honno ond goleuni caled lamp mas ar waelod y grisiau, a galwad ddiymdroi o realistig gydag e hefyd:

'Coda! Ma' Liwsi'n dod â llo!'

Galwad i'w hufuddhau fan'nny! Roedd rhewlif o sêr yn llosgi uchelderau'r Banc; fflamiai'r moelni gan belydrau llwydrew a'i afael am foch a thrwyn fel pinsiwrn; troellai'n hanadl yn ffrydiau o darth i'r gwelwder a'i ehangder rhynllyd yn boddi'r lamp. Tywalltai'r arianwyll drwy ffenest y beudy, a'r fuwch yn glaswyn ymchwyddo drwyddo bob cam o'r aerwy i'r shodren. Mam yn swmpo'i chefen jyst tu blaen i dop asgwrn y coesau ôl:

'Ma'i 'di gostwng, 'no. Fydd hi'm yn hir mwy.'

Di-feth wastad y broffwydoliaeth! Ym mhylni'r lamp gweld eginyn liw ifori'n pipo mas o fwythder ei hagen, ac ymhen gronyn yn agor yn betal o ddwy ffêr wen, jyst digon i gau dwrn am eu llithrigrwydd i gynorthwyo tipyn ar y blodeuo. Ond, yn ddisyfyd, dyna rywbeth yn dal eu hesmwythder yn ôl; cildynn nogient bellach yn erbyn cymell y groth a nerth braich fel ei gilydd. Ac roedd ebychu'r laswen yn dwysáu niwlen y beudy:

'Dere â'r rhaff 'na 'ma!'

'Reit . . . 'rhoswch 'sboi'n pwsho 'to.'

'Nawr 'te!'

O hynny ymlaen, cydgordio dynnu gyda phob sbardun wthiad o ddyfnder y bol. Ond stwbwrn, cythreulig o stwbwrn, yr heglau meinwyn yng nghyfyngder yr hollt. Erbyn hyn, roedd Liwsi'i hunan wedi ymlâdd yn deg, wedi ymollwng ar ei hyd ar lawr, ac ar fin rhoi miwn yn ôl pob arwydd, a ninnau'n llethol ymwylltu gan ragolygon gofid:

'Ma'i'n mynd i gario, g'lei.'

'Well i un o'n ni fynd lawr i Ben Ca' i ffono'r fet.'

'Na, ma'i'n treial 'to.'

'Tynnwch 'da'i 'to 'te i ga'l gweld.'

A chyda dwy neu dair o gymelliadau tyngedfennol o'i llwynau hi ynghyd â thyniadau o gyffelyb natur gyda ninnau . . . roedd 'na sein o ryw symudiad i'w ganfod a'i deimlo yn ymwthiad y coesau blaen . . . oent, roen nhw'n llithro dyfu'n llun ffroenau . . . talcen gwyn . . . gwawr las dywyll o sglein . . . ac erbyn hyn y cefen a'r coesau ôl yn gleidio-ddilyn o'u nythle a'r cyfan yn disgyn yn un talp o lifeiriant gorfoleddus i'r shodren:

'Odi e byw?'

'Odi, llo fenyw 'fyd.'

'Ma' gra'n da 'ni 'fyd.'

Ar hyn roedd Mam yn byseddu'r sleim o geg a ffroenau'r newydd-anedig ac yn chwythu tipyn o gymorth i'w sgyfaint, ei sychu'n lân â dyrnaid o wellt, ei godi i lywanen a'i gario i lawr i'w wâl welltgras yn y stabal. Yn ôl i sefyllian gyda Liwsi wedyn i sicrhau'i bod hi'n dod â'i brych yn ddiffwdan: hwnnw'n hongian-ymlithro ohoni'n un sigl o faner sgarlad:

'Ma'i 'di dod ag e i gyd, 'no.'

'Ma'i'n iawn. Ise llonydd sy 'ni nawr.'

A'i bwrw hi am y tŷ i ladrata shyter o gwsg cyn y wawr, taflu'r brych ffres i'r domen, a'r gofod yn llathraidd gyd-ddathlu â'n llawenydd!

Mor wahanol yr amgylchiadau gyda'r eidion brith hwnnw ar ddydd o Fehefin yng Nghae Canol. Roedd 'na awyr berffaith dros y Banc a'r tresi aur yn baradwys rhyngom a'r Weun. Y math o fore oedd yn lliniaru meddwl a chorff yn un â'i gyfaredd. Ond allan o dan ymlacrwydd yr eurwe dyma daranfollt o wallgofrwydd! Anghenfil brychflew yn carlamu-sbinio ac yn nadu drwy weflau ewyn. Yna, torri mewn dallineb o herfa drwy farben loyw i Gae'r Ydlan fel 'tai'r sbeiciog honno'n ddim ond llinyn o wawn. Yn groes ag e wedyn am Gae Lôn â'i dagell a'i ddwygoes flaen yn rhwygedig goch yn yr haul gan hyrddio'i hun bendramwngl i'r drain yn y cornel. Ymryddhau o sbardunau'r rheini drachefn a'i gwneud hi'n lloerig am glawdd tewdrwch yr ardd ar y gwaelod, a'r un ddidostur o glec yn diasbedain o'r fan honno. Ei gegrwth wylio o'r tu ôl i amddiffynfa perth y clos:

'Cadwch 'nôl. Peid'wch mynd mas i' olwg e.'

'Mae e'n clîn off 'i ben.'

'Falle ddaw e at 'i hunan nawr.'

Aros am sbel i weld a wireddid y gobaith annhebygol. Disgwyl i'r dymestl ostegu rywfaint, ond doedd gysgod o ostyngiad yn ei rhyferthwy:

'Ma'n rhaid i ni ga'l help i ga'l e miwn.'

Galwyd rhai o'r cymdogion ynghyd, ac allan â ni'n arfog i orfodi'r ynfyd tua normaledd sièd y clos i'r fet gael golwg arno. Os do fe 'te, wedi i'r penfrith ryw led-ddarllen ein bwriad, drwy gaddug o gynddeiriogrwydd, ymwingodd ei ffitiau dros uchafion eu hanterth fel 'tai. Yn awr, chwyrlïai fugunad yn ei unfan a'i lygaid yn gwyniasu gan gynddaredd. A dyna sut y parhaodd pethau yn groes i Gae Lôn am y buarth: brwydyr gymysg o amynedd ac arswyd o'i bwtio-gymell o hirbell gyda mynych wasgaru allan o gyrraedd pladuro'i dalcen a chrymanu'i garnau. Syrcas ddiango: cylch o gymdogion yn gochelgar bowlio penwan o fwystfil ar draws cae dan y nefoedd hawddgara o ganol ha. Yffach o ryddhad oedd cyrraedd iet sièd y clos, a llwyddo rywfodd i'w chau ar famoth o eidion blwydd. Ond ar amrant dyma hynny'n agorfa i ragor o bryderon: roedd y caeadle'n sbarduniad i wasanaethu'r antics mwya lliwgar, a'r rheini'n cynyddu gyda phob perfformiad: yn awr anelai hedfan dros y glwyd, aredig yn fwldoser drwyddi, magu carnau gafar ar y shinc ac ochor y sièd yn twangioymestyn fel bwa dan amrywiaeth y repertwâr. Disgwyl gweld nerth hoelion a metal yn chwilfriwio'n sgyrion dan ymroddiad yr act nesa o hyd. Bellach roedd hi'n gwestiwn p'un o ddau ganlyniad oedd i ddigwydd gynta: naill ai Herbert y fet yn landio o Aberaeron neu sièd y clos yn datgymalu i chwe chyfeiriad. Gyda chwpwl o funudau'n sbâr, yn ôl pitsh griddfan pren a sinc, y cynta a orfu:

'Lle gweloch chi e fel hyn gynta?'

'Yn dod mas dan glaw'r golden chain bore 'ma.'

'Hm. Byta'r blode ne'r dail ma' fe 'di 'neud 'te.'

'Na be' sy'n bod, ife?'

'Ie, ma'n nhw'n wenw'n i greaduried ch'weld.'

'Ddaw e 'to 'te?'

'Na. Ma' nhw 'di effeithio'i fennydd e. 'Wy'n ofni by' raid ca'l 'i wared e prynhawn 'ma.'

'Na fe 'te. Sdim byd i' neud, o's e.'

'Alla i roi pigad i ddawelu fe, 'na i gyd. Ma'n rhy ddansierus i neb fynd ato fe fel ma' fe.'

Ac fe lwyddodd y fet i'w chwim nodwyddo drwy als yr iet yn ystod un o'i blet-hyrddiadau'n ei herbyn. Nawr roedd 'na gystadleuaeth arall yn yr arfaeth: rhwng buander y lorri a oedd ar ei ffordd i'w nôl erbyn hyn a rât gwanhad y cyffur. Am yr eilwaith bu ffawd o'n tu: roedd y colbiwr yn para'n reit feddw pan gyrhaeddodd y tryc, er ei fod yn amlygu arwyddion dadebru swît hefyd. Cwsg-glwriwns-ruthrodd i ben pella'r ceule a agorodd o'i flaen. Ac wrth ymadael â'r buarth fe'i clywem wrthi ffŵl owt yn sgarmesu ag estyll y lorri nes bod honno'n cloncian drwyddi. Oerodd yr awyr lasa'n gilwg ac anwes yr haul yn frathiad calon: roedd eidion gwerth trigen a phump yn diflannu o'n golwg am saith punt!

Disgynnodd rhyw ddiawlineb gwahanol, tua'r un amser, ar un o'r eidionnau eraill hefyd—Welsh Black melfedaidd o raenus y tro hwn. Yn ddirybudd dechreuodd fagu clwstwr o grach o gylch ei wddwg. A chyda hyn roedd y rheini'n ymdrwchuso'n gnapiau llwyd-sychlyd o swmp gellyg hyd at ei ên gan ymblethu'n goler dros ei fynwes, a hwnnw'n ysgwyd fel arfwisg yn tincian bob tro y symudai. Allan ar y Weun edrychai fel rhyw feison wedi dychwel o'r cynfyd i rodianna eiliad eto ymhlith gwartheg godro. A doedd dim yn tycio i bylu'r llurig grach chwaith; crin ffrwythlonai drwy bob math o oeliach ac eli o fewn cyrraedd. Yn wir, roedd fel pe bai'n ymfaethu ar foddionach o'r fath. Roedd y creadur druan yn gordeddog glwm yn ei gadwynau pwdwr ei hunan.

Doedd modd osgoi'r angenrheidiol ddim pellach. Un bore, ar ôl godro, fe'i clymwyd wrth un o stalau'r beudy a gyrrwyd am Herbert:

'Do's dim byd yn mynd i ga'l gwared â rhain.'

''Ŷn ni'n mynd i golli hwn 'to 'te?'

'Na' 'dych. 'Wy'n mynd i'w tynnu nhw nawr.'

'Allwch chi roi r'wbeth 'ddo fe at 'nny.'

'Ma' arna i ofan na alla i. Rhowch raff arall at honna sy am 'i wddwg e!'

Dyblwyd yr offer. A dyma ddechrau ar y driniaeth: y fet yn cofleidio'r war a'r menig rwber yn crafangu am ei malltod. Cydio ynddyn nhw fesul un a'u twistio i ffwrdd o'r gwraidd. Roedd yn bandemoniwm o sefyllfa: sŵn y crach yn critsh-gratshan wrth ymadael â'r cnawd; yr eidion ar ei liniau'n bugunad; y fowlen garreg yn bwll dugoch o waed, a thalcen y fet yn byrlymu chwys. Trugaredd y trugareddau oedd clywed y grachen ola'n cael ei chrenshan droi'n rhydd o'i soced a'i thaflu at y pentwr llwgwr gerllaw. Erbyn hyn roedd y creadur yn hofran ar ymylon anymwybyddiaeth a'i frest a'i war yn un plastar o archollion noeth lidus:

''Na fe 'te, diolch byth. Fe ddaw nawr.'

'Well 'gadw fe miwn am dd'wrnod ne' ddou?'

'Ie. Trowch e mas wedyn ar ben 'i hunan i'r gwynt ga'l sychu'r clwyfe. Fydd e'n iawn mewn rhyw bedwar d'wrnod.'

Trannoeth cafodd yr eidion eli'r awelon ar ei ddoluriau. Ces innau'r gorfoledd o gario bwndel o anwyldeb bal wen, gefen du, lygad arian adre mewn basged o fferm Rhydeinion. Doedd ond un enw'n gweddu i'r fath gyfuniad o giwtrwydd: Lass. Pefriai ansawdd ei hach yn ei dau lygad: tiriondeb bonheddig yn nyfnder y brown ac athrylith y ci defaid yn eiddgarwch y glas. Ac wrth iddi dyfu fesul wythnos roedd ei dwy reddf i'w gweld yn cyd-ymwau i'w gilydd ar lun ymddygiad rhythmig o feddylgar. Gan nad oeddem yn cadw defaid fe amlygodd Lass ei doniau at natur a bywyd gwartheg. Mewn pewc hi oedd eu casglydd swyddogol adeg godro: i'r funud cyrchai'r llain bori gan ddenu'r fuwch bella i gyfannu'r patrwm priodol i'w rheng-ddirwyn ag amynedd llygatlas i gyfeiriad bwlch y clos. Ac amser trît y buchod oedd hirnosau'r ha—cwpwl o oriau pori ychwanegol ar ddanteithion y banc hyd at funudau tywyllu: Lass a'u llinynnai o'r godreon at dop y Weun i rywun agor y glwyd iddyn nhw groesi'r hewl at eu gwledd. Hi hefyd, rywsut, a swynai'r gwasgaredig ynghyd o'r cysgodion ar gyfer y trec ar draws y ffordd i'r caeau isa'n ôl: Lass drem-arian warthegydd y gwyll a'r goleuni fel ei gilydd.

Wedyn, y gwanwyn canlynol cawsom ddau oen swci newydd gan Nel Blaencletwr: dwy bellen bitw gynffonnog. Rhaid bod eu tincianfrefu ar hyd y buarth i Lass fel adlais o fyd cynhenid ei greddfau. Yno roedden nhw beunydd, Gwen a Siwi, yn difyrru haul a chwmwl fel ei gilydd â sbyrts o ddireidi, ac yn cyson ddifa'u poteli llaeth mewn gwynfyd o bwtio. At hyn, roedd 'na duedd yn Siwi i fynd dros ben llestri o drwyn-fusneslyd, ac un prynhawn penderfynodd gymhwyso'r gynneddf i archwilio top cilagored cwdyn o galch, mewn cornel o'r sièd. Bu'r canlyniad yn un llosg: surwyd blaen ei ffroenau'n gignoeth. Bu yn y stad bendrist honno am dros wythnos â'i swch yn jeli o boen cyn i'r soeg ildio'n ara i haenen wlithog o groen oedd fel pe bai'n caledu esgyn oddi tano. Ac wrth i'r ffresni hwnnw gynyddu fe ymgymerodd hithau drachefn â'r sbort o hoywi lled y clos gyda gwyntyll o gynffon. Ond och, roedd hi'n bryd torri'r chwirligwgan honno erbyn hynny. Perfformiwyd y datgysylltu'n chwimwth ddigon ar lawr y sgubor â whiw o fled, ac erbyn nos roedd y ddau'n ôl yn chwyrlïo'u campau ar hyd ac ar draws fel pe na bai cynffonnau wedi bod gyda nhw erioed.

Ond drannoeth, sylwyd bod arwyddion pŵl anhwylustod ar Siwi: rhyw bendwmpian llwfwr yn y cornel ar ben ei hunan, ei ffroen yn llesg a'i llygad yn ddisymach o ymdrechion ei gefeilles i'w denu i ymuno yn y randibŵ arferol. Ac yn ystod y prynhawn fe'i sydyn gollwyd o ddiflastod ei chongol yng ngŵydd mabolgampau Gwen. Aed i chwilio o gwmpas. Fe'i cafwyd ar ei hyd ar draws cilcyn glas bwlch yr ydlan: mymryn o dafod crimp yn ymwthio o'i genau, y fferau mor stiff â phedwar brigyn crin a'i threm wedi hen wywo:

'Y drwg 'di mynd drwy'i system hi druan fach.'

'Tr'eni na fydden ni 'di rhoi gwyr-côr ar 'i chwt hi pan welon ni ddi gynta!'

Claddwyd hi yng nghornel Cae Bach gydag adar Mai yn gorawenu ar bob llaw, a Gwen yn dal i ffynhonni asbri yn ôl ar y clos. Ond drannoeth gostyngodd ffrwt y darddell honno hyd at sychu'n benisel: roedd yn synhwyro'i cholled a dechreuodd alaru'n groch o glawdd i glawdd ac yna, mewn seithugrwydd, dod i oedi erfyn am gwmnïaeth wrth ddrws y tŷ. Rywsut, am sbel wedyn doedd rhin y cyfnosau ddim yn gyfan o gwbwl i minnau chwaith heb fwrlwm Siwi frith.

Ond ni bu Gwen mor hir â hynny chwaith cyn ymfynwesu â'r gwartheg gan feithrin yr arfer o grwydro gyda nhw i bori o gae i gae, ac eto dal i gymryd cwrs bob hyn a hyn, yn gorff-gydnerth i gyd, at y tŷ pan ddigwyddai gofio am ei photel laeth. Ac un diwrnod aeth hyd yn oed y pereidd-der hwnnw'n ango: roedd afiaith y maes a gafael y borfa wedi'i ddisodli. Gyda'r hwyr yn unig y dôi i'r clos bellach; dod gyda'r da godro dan hypnosis Lass, gan f'atgoffa innau o galedwch ei thalcen, yn awr ac yn y man, yn chwareus o nerthol tu ôl i'm pengliniau. A thyfodd Gwen efo'r haf yn dwmpath o gorffyn hydrefol a'r awel yn meinhau ar y meysydd. Problem: gyda'r lloi, yr eidionnau a'r gwartheg y daliai'r flaenoriaeth ym mhob dim—doedd unlle sbâr i gadw colled o anifail llywaeth o faintioli Gwen dros raib y misoedd llwyd, ac nid helaethrwydd porfeydd yr ha oedd amfesur rhic na chylchedd helmi'r ydlan. Ac roedd yr hydre'n gaeafu: ni ellid gohirio'r enbyd fore ddim pellach: fe'i codwyd i bic-yp cymydog a chyfeiriwyd am fart Llandysul. Yno, ymhlith corws o ddefaid eraill draws y llociau gydol y bore, blaenllymai un nodyn o gywair digamsyniad wahanol: hiraethlef bur yng nghanol gorlawn o unigedd. A'r noson honno wrth adael y mart a'r lorïau'n llwytho o'r corlannau, daliai i hollti uwchlaw'r mwstwr oll: gwaedd clamp o ddafad anwylwen o'r pellter yn torri'i chalon yn lân.

Ond pylwyd ymbil y ddafad swci cyn pen yr wythnos ganlynol gan sbri a chân weierles newydd, clamp o offeryn goleufrown yn nobiau, falfs a batris i gyd: set McMichael lachar o siop Morgan Evans, Llanarth. Bob nos aeafdrwst denai crwydr y nodwydd fach oren ar draws enwau'r gorsafoedd y lleisiau mwya amrywiol o heulog rywle o'i pherfedd i ddiddanu'r aelwyd o gysgodion a goleuni'r Aladdin: lliniarai acenion Variety Bandbox ratl y gogleddwynt yn y ffenest dalcen; meddalai cordiau Music Hall ei drwmp yng ngwythïen y simdde, a thonnai digrifwch di-ben-na-chwt Ray's a Laugh uwchlaw pwniadau'r glaw a'r cesair ar y teils. Ond yn boenus o reolaidd, bob rhyw ddeufis fwy neu lai o hyd, dechreuai grym yr hwyl a'r lleisio floesgáu yng nghalon y bocs . . . ymgymysgu redeg i'w gilydd yn jymbl o glegar . . . a gorflino'n hollol fud:

'Y batri 'di rhedeg lawr 'to.'

'A'th e'n glou tro hyn 'fyd.'

'Rhaid tsharjo fe fory!'

Ac yn ystod y ddwynos pan oedd y batris yn cael eu hailfywiogi ymhell i lawr yn Llanarth, manteisiai'r elfennau hyd eitha'u tali-ho ar yr interliwd: carlamai adloniant y glaw a jôcs y gwynt i'n laru'n benrhydd o ddiymyrraeth ar donfeddi'r tywyllwch unwaith eto. Ond yn ddisymwth cyrhaeddai Anti Mag drwy ddrws y drydedd noson i roi clep o daw ar eu hwliganiaeth â'r ddau flwch o wlybwr a ganai yn ei dwylo. Ymhen troad bwl roedd soniaredd y McMichael yn boddi disgord y gweunydd drachefn.

Ac roedd llydanrwydd y Banc yn orhael bob adeg i elfennau'r gaea, yn estyn tragywydd libart iddyn nhw berfformio faint fynnen nhw o giamocs ar hyd-ddo, ddydd a nos. Doedd eu heithafolrwydd byth fel pe bai'n trethu fripsyn ar ei haelioni. A doedd neb yn gwybod hynny'n llymach na Lewis Post, efell oilsgin y cawodydd a'r drycinoedd. Tuag un ar ddeg bob bore gwelem ei gap sgleiniog-ddu yn dawnsio draw rhwng llwyni drain big Moelifor, ran fynycha i gyfeiliant cerddorfa o wynt neu law. Ci Ddolwilym yn ffanfferu'i gyrhaeddiad, ac ymhen gronyn

Lewis Post.

cŵn Esger Onwy eto'r un mor grochlyd eu croeso. Yna dôi i lawr y lôn fach yn eu hyd aton ni a nentydd o law'n powlio dros ei lifrai. Pendiliai'r hen fag sachliain gyda'i ochor, ynghlwm wrth straben ar draws ei ysgwydd, fel yr ymollyngai i gam ar gam o ryw hanner llamiad streifus, oedd fel pe bai wedi sefydlog ledwyro'i war ar lun osgo blynyddoedd o fwrw arni, a'i lygaid a'i roncwallt glaslwyd yn swilio allan gyda'i gilydd o dan big a chernau'i gap. Sgwrs fer o atal dweud ar y clos . . . ei graddol ddirwyn i ben lathenni wysg ei gefen . . . a'r llithro-droi i ailafael eto fyth yn rhythm jerclyd lyfn y palu 'mlaen dros orest o gamfeydd a churlaw.

Ond bob rhyw leuad laswyrdd, ran fynycha pan oedd stormydd y Banc wedi llwyddo i fylchu arfogaeth Lewis gyda dos go anamal o beswch, Henry bach Graig oedd y gwrol gludydd a heriai'r cefnfor. Ni ffwdanai Henry ag unrhyw lun o ddilledyn swyddogol; gwyddai bob tro, beth bynnag, mai byrfyr fyddai cyfnod ei ddirprwyaeth wyntog. Na, beret coch, cot gabardîn hirllwyd, pâr torchog o welingtons ac wrth gwrs y bythol grogedig fag oedd cyfarpar postmonaidd Henry bach. Ac nid mewn mater allanol o wisg yn unig y gwahaniaethai chwaith, ond yn hytrach yng nghraidd sylfaenol y swydd: lilt ei gerddediad. Doedd hirgam gollyngus Lewis ddim yn rhan o natur Henry o gwbwl; na, rhyw esmwyth fowio-dreiglo'n wastadol i'w siwrneio oedd ei ddull e o ddod i ben â'r milltiroedd. Roedd yn llawer

Henry Graig

mwy anodd dal ei ddynesiad o draw hefyd: roedd ei dogs yn ymdoddi mor llyfn i lwydni'r bencydd, a'i feret eirias hyd yn oed yn gamofflaj perffaith â chriafol hydre clawdd Moelifor. Ond os annelwig ei nesáu, llachar o bersain oedd cyfarchiad y cyrraedd—'shwmai, bobol'—ac wedyn byddai wrthi am ychydig yn rhyw ledlafarganu'i sgwrs ddigynnwys gryno gyda'i gytgan atalnodi mynych o 'odi ma'i, bois, odi ma'i' a'i 'ie wir, wyddoch chi, bobol' cyn sawdl-droi i ailfowio ar ei hirdaith. Ond nid yr acen hanner pregethwrol 'ma oedd ei atyniad i ni, fois y Banc, o dier mi nage. Gwyddem yn rhy brofiadus o ddigon nad postman llythyrau oedd Henry bach yn gynta, canol nac ola chwaith o ran hynny, ond enseiclopedia pêl-droediol o bostman gyda'r ysfa o roi'i wybodaeth syfrdanol mewn gweithred fwy syfrdanol fyth ar chwarter cyfle.

Ar y boreau hynny roem wedi ymbaratoi'n broffesiynol at ddyfodiad y seren: suddo dan bostyn praff o naddedig ar dop Cae Lôn a'u cysylltu â chorden beinder o grosbar, hen ffwtbol sgathredig o gatalog D. J. Williams yn barod at yr eithriadedd—pêl dyn-galed â'r gwlith yn sglefrio'n berlau dros ei gruddiau dybin, a thri neu bedwar cerdyn bach newydd o luniau pêl-droedwyr allan o becynnau sigaréts candi i brynu arbenigedd yr archgasglwr. Doedd ond disgwyl wedyn am ei entrans i'r stadiwm ar waelod lôn fach a'r hanner lonc i'w chalon ar ei brig.

'Cwpwl o gics, Henry?'

'Villa . . . West Brom . . . The Hawthorns, bois.'

Ffling i'r bag post wrth yr iet, a dyna hi'n gic off. Ymollyngai iddi ag ymgysegriad. Cic gornel yn gwenoli o'r asgell a'r bêl a beret

Henry'n sleisio gyda'i gilydd i blygion rhwyd eithin Cae Lôn. Fflic o gôl!

'Allchurch nods home, bois!'

Mympwyol o gic gosb ar dro, a welington y *centre forward* yn cydwoblo'n gwmni i'r lleder i ddryswch yr un nythle, gyda sylwebaeth o broffesiynoldeb i'w canlyn:

'Ford drives in low.'

Wedyn y golwr, ar y pryd, yn acrobatig lwyddo i dipian ergyd go eger jyst dros reffyn y bar a Henry'n gwawchio ymgolli mewn perlewyg o gymeradwyaeth:

'Gil Merrick . . . the Birmingham keeper 'eldi.'

Orig ddiderfyn o sesiwn: welingtons Henry'n cydwichian eu dileit â gorawen y driblo, ei freichiau-ddwylo eiddil mewn stans o gyd-bwysedd cwbwl sensitif â chywreinder ei ddegfed ne, a'r bag post bondigrybwyll ym môn y clawdd ar bwys gyfandir i ffwrdd o arall-fydedd Maine Road ei briod alwedigaeth.

Ac nid cyn ymhell wedi amser llawn y dychwelai ryw inclin o realaeth i benglog yr arwr: rhyw ffliwc o sylweddoliad a ddadgyfar-eddai Milburn y gleidio mireinaf ar draws Parc St. James yn afaelwr carbwl mewn bag postman unwaith eto ar dop Cae Lôn, Banc Siôn Cwilt. Ac i ffwrdd ag e, yn foesymgrymu beretaidd i gyd tua moelni Pantrasol, yn ôl at oludoedd ei gylchgronau a'i gyfrolau pêl-droed yn archifdy Graig, a'r fan meil, a ddisgwyliai am yr ychydig lythyron a ddigwyddai gludo'n ôl i'w postio o rai o ffermydd y Banc, wedi hen adael Talgarreg am y swyddfa ddosbarthu yn Llandysul. Ond roedd fory gystal â heddiw, a gwyddem na châi'r eilun mo'r sac erbyn trannoeth, na thrennydd na thradwy chwaith, o'i oruchwyliaeth ddeuol, yn wir byth, cyn i Lewis ddychwelyd fel deddf o reffarî i roi stop ar y gêm, a thransffer i Henry tan y tymor hirddisgwyliedig nesa y caem y cyfle i brynu'n ffefryn yn ôl.

Ond os mai amhenodedig wamal oedd sesyn y 'cwpwl o gics', roedd i'r bore plufio bendantrwydd diysgog. Roedd hwnnw mor anochel â boreau llwydrew a nosau prynhawnol diwedd Rhagfyr. Agoriad llygad o ddiwrnod! Mynd gyda Mam dros y borfa wen yn ôl i Esger Onwy Fawr ar fore'r lladdfa. Honno'n cychwyn tua naw o'r gloch: un o'r tai mas oedd y lladd-dy a dau neu dri o ddynion y gymdogaeth y bwtsieriaid. Y gwyddau'n hirgorff gyrraedd y gegin â hollt goch ar draws eu corunau. Dridiau ynghynt fe'u gwyliwn o draw yn llaes chwilota ar hyd Cae Tŷ Pair, ac yn codi ar gymell o hediad cwta tua'i waelod fel elyrch. Y menywod yn cychwyn ar eu llafur ag arddeliad: eu bysedd yn danheddu-blycio'n ddiflino ym môn y plu, a'r rheini'n disgyn yn blatshys o gawodydd eira i'r bwcedi a'r tuniau wrth eu traed. Ond o bryd i'w gilydd newidiai ansawdd y lluwch â sydynrwydd: teneuai'r tewdrwch yn niwlach o fflwff gronynnog wrth i bob plufwraig yn ei thro dreiddio at yr haenen glòs o fanblu a orweddai o dan y cwils brasaf. Drifftiai a chyfeiliornai hwnnw i bob rhigol a chilfachyn: claddu'r gegin mewn haenen o ddrifft, glynu'n ogleisiol mewn ffroen a gwallt, toddi-gynnau yn y grât a chrafangu'n llachar yn huddyg y simdde. Gweddnewid pob aderyn llydanwedd yn byrcs llipa i'w cario i'r eil yn y cefen i'w rhoi lan mewn melin o hacio pennau, cloddio perfeddion ac amgáu jiblets mewn parseli o gnawd ar y llechel las. Ac wrth droi am adre ar derfyn marathon o ddiwrnod, doedd ond dau aderyn llaeswyn yn igian . . . igian o'r gwyll cynnar am gyflawnder y teulu oedd mor ddifyrrus ddoe.

Roedd tinc goleuni'r Nadolig yn cyniwair oerfel y dyddiau cwta, a blas ei glych yn ymwau drwy'u llwydni. Doedd ryfedd fod 'na afiaith ychwanegol i jig cap Lewis Post rhwng y coediach draw a'i fag lliw sach yn sgrepan o ysblanderau'r dinasoedd pell, lledrithion oddi wrth berthnasau yn Llundain a Rhydaman. Ac roedd Santa'i hunan bellach yn rhyw ragymystwyrian gyda'r nos ar rosydd Ysgol Ddu a Ffos-y-Gïach. Y rhith hwnnw a adawodd wn corcyn untro, *Charles Buchan's Football Annual* dro arall, a char rasio hirfain goch â sbring weindio unwaith hefyd ar droed y gwely erbyn y bore mawr. Doedd yr ymbalfalu am y wyrth ym mhylni'r cyfddydd hwnnw byth yn ofer, byth yn cael ei siomi. Ac roedd diwrnod newydd fflam yn dilyn gyda chadwyni o liwiau yn ymblethu ddirwyn o'r pedwar cornel at enfysgnapen o gloch ganolog, clobyn o dân yn canu grwndi yn y grât, a suon o aroglau cyfriniol yn ymdreiddio gydag ymyl cyrten congol y ffwrn nwy lle'r oedd Anti Mag yn goruchwylio datblygiad y rhostio a'r berwi. Roedd 'na rin mewn carthu hyd yn oed y bore hwnnw: pwysau'r tomwellt yn iachus ysgafn ar bicwarth ac mewn whilber. Ac roedd y bwcedi dŵr hwythau'n biseri gwefriol i'w cario o'r ffynnon i olchi'r beudy, a sglefrio-ddilyn y brwsh cans ar hyd rinc y shodren yn sgubiad o bleser. A chleimacs y cinio: ymledai'r ford gynnil yn ehangfwrdd uchelwrol; roedd y caws, y llaeth a'r bara bob dydd wedi troi'r sawsiau, llysiau a gwin cyfandirol, y sleisys bacwn o'r gamon uwchben yn fron o ffowlyn yn ireiddio gan ddripin, a dysgil reis y Suliau yn fryncyn bach sawrus a ffrydiau o fêl gwyn yn llithro o'i gopa drosto. Disgynfa oedd hi wedyn o'r canolddydd trofannol hwn at lwydnos amser te'r bencydd. Ac wrth ymysgwyd allan i glymu'r da tua phedwar roedd pereiddwynt y bore wedi ymfiniogi'n ddiflastod o gerrynt, y gwartheg yn hir eu jibs wrth shabwchen o domen a'r gath, ambell waith, newydd ddal llygoden ac wrthi'n cracio drwy'i hesgyrn ar wal y cwrt.

Ond dôi'r flwyddyn newydd â helynt diwrnod dyrnu gyda'i hieuenctid siarp. Bore o drywanwynt yn llithio dyrnwr Twm Daniel dros dop Blaeneinion—eliffant orengoch yn ymdreiglo ddod mor ddisiffrwd â chath ar bedwar teier cawraidd. Cywrain y paratoadau yn Arctig yr ydlan: cloddio pedair rhigol ddofn ar gyfer olwynion yr enjin i'w dal drwy ddiwrnod o gryndodau ac o sgytiadau di-ben-draw; rhedeg belt fraisg o ddrwm y tractor am olwyn-droi'r dyrnwr; cychwyn y drwm yn raddol, ac yna cyflymu'r refs nes roedd y lefiathan yn ysgwyd ymateb i'r ymddirwyn; y derbyniwr sgubau'n barod yn ei focs am yr ysgub gynta o frig yr helem, a phobun arall hefyd yn ei safle'n barod am flaenffrwyth ddylif y cynhaea. Gwylio'r sachau yng nghefen y dyrnwr oedd fy nyletswydd i, ac rown wedi trebl ofalu fod y rheini'n llyfn ffitio wrth eu bachau am geg y shŵt. Ac yna'r rhaeadr rawn yn byrlymu gyrraedd o berfedd y peiriant. Ei gwylio'n trochioni i bob sach yn groeniach gras, y ffrwd yn teneuo mewn un shŵt ar brydiau ac un arall yn gorlenwi'i chwdyn, dan lygaid megis, yn ofer o ddiferion gwyn. Mwstro wedyn i lithro'r pishyn metal i dagu'r llif, ac asio sach newydd i'w lle cyn ei ailagor i dderbyn rhuthr rhwystredig o floc yr argae. Roedd clydwch o gysgod yn yr encil honno dan gefen y dyrnwr ger y cornel drain. Cipiwn bip weithiau o ofal y sachau heibio'i ymyl allan ar gwch gwenyn o ydlan: y sgubau'n fflapian yn groes o'r helem fel clampod o frain melyn ac ambell un yn disgyn reit drwy geg y cawrfil yn hytrach nag wrth draed y derbyniwr, ac yntau'n ei llyncu'n gyfanglwm gydag ebwch o ddisgord.

Ac roedd ei chalon yn ymwibio gan gawlach o us a dwst fel 'tai 'na heulwen o niwl yn llareiddio'r oerfel allan yno. Y llwyau mawr yn bobian gymell afon o wellt i dwmlo dros ffrynt yr enjin i'r llawr, a dynion annelwig yn ei ddisgwyl i'w ffurfio'n rhic gryno o'r neilltu. A chodai ambell waedd o'r helem: llygoden ffrengig newydd darddu o ddyfnder y sgubau ac yn llithro-sgampio'n un â'r bonion ar draws traed a fferau'r pitshwyr. Wrth gwrs roedd Lass gyda nhw ar ben y cylch ac yn orawyddus i ddelio'n y fan a'r lle gydag achlysuron gorfoleddus o'r fath—pownsad a snap a'r cefen gwibddu'n ymlonyddu yn fola llwydwyn rhwng y tywys. A'r enjin hithau'n para i grynu-fynd-yn-ei-hunfan-i-gyd: ei chogs fyseddach a'i dwylo a'i hestyll-

67

freichiau'n chwyrlïo, yn amneidio ac yn chwifio o'u co'n lân, a'i holl gorffolaeth yn chwerthin ei chyfeiliant dros yr ardal i dempo caledwaith y ddawns.

Erbyn hyn roedd seibiant cinio yn y gwynt: stopio'r drwm, y belt yn arafu ond yr holl fecanwaith yn ymegnïo-ddal dros ennyd er hynny fel pe bai'n siomedig i ollwng gafael ar y sbri cyn penderfynu ymlonyddu'n gwbwl fud. Munud od—yr ydlan yn ddistaw, dim ond ffws y dwstach yn toddi deneuo a sgowl y meinwynt yn unionsyth gymryd ei le. Ond ymhen rhyw hanner awr dechreuai'r holl gontrapshon arni eto ar gyfeilio i'r sioe gawcymela, gan ddal ymlaen i ridyllu ac ymarllwys yn dalog tan i galedwch gwyll o brynhawn lwyr drechu hoen y mwl. Ac mewn byr o dro wedyn roedd y stres ddyrnu drosodd am dymor arall, a'r llafur had yn bentwr o furmuron yn rŵm ganol y llofft yn saff rhag gweddill llygod llwglyd yr ydlan, beth bynnag am ambell lygoden fach fwy deallus na'i gilydd oedd yn siŵr o ffeindio rhigol o rywle i suddo dant mewn tywysen neu ddwy cyn adeg hau.

Edrychai'r ydlan fel adfail: llochesau'r llygod wedi'u chwalu, a hwythau'n sleifio tua'r sgubor am gysgod a gronyn i'w gnoi. Ydlan wag a thomen lawn: whilberi misoedd o garthu'n esgyn at gopa o domwellt—roedd cywain dom yn galw. Ac ar fore siarplyd ym Mawrth awn draw i Ddolwilym i helpu Dan i ddala Brown ar y banc. Tamaid o geirch ar waelod bwced neu gapan yn ddigon weithiau i'w denu o ryddid ei blewynna i gaethiwed ffrwyn. Dro arall, rhyw ddireidi o gyfrwyster yn ei meddiannu, a dyna hi'n foshwns taflu penôl o ddianc tua gwaelod Cae Pwll. Ond doedd dim diogelwch parhaus iddi yn y pellafion hynny hyd yn oed: roedd y ddau lithiwr yn dilyn ar amyneddgar o drywydd. Ac yno, gyda cheirchen o lwc, rhin y capan yn twyllo'r ffroenau o fewn cyrraedd ffrwyn, a merlen y galap yn gaseg lywaeth ar ei ffordd tua'r clos. Wedyn, roedd hi'n ddefod y gwisgo o flaen y cartws: rhoi bit yn y gweflau, mwnci am y gwddwg, britshin ar y cefen, garwden dros hwnnw i ddal y siafftau a chysylltu'r linciau wrthyn nhw:

'Sawl linc 'mlân, Dan?'

'Rho ddwy 'mlân, a thair 'nôl 'te, bachan.'

A dyna ni ar ein ffordd i gywain dom. Dau farchog draed-ar-siafftau ar astell flaen y cart, un olwyn yn suddo weithiau ym mhyllau'r weun a Brown bedeircoes fwdlyd ar ei holl egni'n ei halio o'u llawc. A chwarddai afon Onwy whap dros fy fferau innau hefyd wrth ymdrechu agor iet y ffin ar odre Cae Gwair.

Bedydd traed a bwrw ati. Roedd y dom ar wyneb y domen yn llacio'n ddigon esmwyth i'r bicwarch, ac yn ymbentyrru'n net yng nghist y cart. Ond wfft i stwff y dyfnderau: roedd hwnnw fel pe bai wedi gwreiddio rywle o dan gerrig y clos, y bicwarch yn debycach i wrensh na dim arall yn y strygl i'w ryddhau o'i socedi, a'r talcen yn perlio yn y cnowynt o'r weun. Codai ffresni suro o'i fôn wrth iddo ildio, fymryn ar damaid styfnig ohono, i'r gwthio, y stretshio a'r tynnu:
"Na fe 'te, bois.'
'Digon tro hyn 'to, siŵr o fod.'
'Ewn ni 'te, bachan.'
A gewynnau Brown yn tensiynu-chwyddo fel ceinciau o gebl a'i phedolau'n brathu i'r cerrig wrth gychwyn-symud y llwyth o'i unfan a'i ddragio i fyny dros oledd y clos. Tynnem y tincart yn y cae, rhoi'n hysgwyddau dan bart blaen y gist i'w chodi ronyn, a suddo'r cramp i gefen y dom. Dan oedd yn arwain, a minnau'n tynnu crugyn 'rôl crugyn i'r ddaear, y llwyth yn prinhau o arhosiad i arhosiad decllath, a'r cart yn cael ei godi'n fwyfwy serth i roi rhagor o fantes o hyd i'r tynnwr. Ac ar y diwedd, y rhyddhad o godi'r gist i'w llawn uchder i symud y twmpath ola ar ei swynol lithriad o waelod y pen ucha. A manteisiai Brown hithau ar yr egwyl yma drwy adael i'r cart dreiglo'i hunan yn ôl dros y rhediad tir am y clos.

Fel y crugynnai'r prynhawn rhagddo roedd y domen yn heneiddio at ei sail, y dom yn troi'n lasddu gan oed a phyllau cringoch o biswail yn esgyn i'r golwg, a Chae Lôn, erbyn hyn, yn ferw o blorynnod. Drannoeth, rhaid oedd eu gwasgar yn ffwdanllyd o fân ar hyd-ddo nes bod pob modfedd yn sgleinio gan oleuni tywyll—tes liw muchudd yn llathru yng ngwelwder yr heulwen i'w sugno a'i dreulio'n faeth gan wanc y ddaear.

Ac yn ddiatreg roedd yn fore o wyneb gwanwyn: diwrnod bach net at osod llafur had os buodd un erioed. Y pridd yn breuo at ddant yr oged a rhagolygon y gorwel yn addawol o bellennig. Mewn shiffad roedd honno'n rhwygo-sgytlian drwy gnapiau'r cwysi a'r llwch yn cyhwfan dros yr hytir. Erbyn amser cinio y briwsionog yn barod i'r dril. Nid heuwr cannaid o lywanen 'leni a'i bob tafliad yn cydasio â'i frasgam. Na, peiriant 'leni'n pibellu'r had i rigolau'i bumdant. Wedi cinio dychwelem i ailgydgordio drachefn â sigl y cynfyd: bwrw dyrnaid 'rôl dyrnaid o *nitro-chalk* o fwced yn ddisglair dros draciau'r dril. Ac o hynny tan ddiwedd y prynhawn roedd y rowl wrthi'n diddosi'r had, a chwpwl o frain ymysg blagur y ffawydd yn sbecio dros frithwe'r gwastadedd a'r dydd ar hyd-ddo'n ymestyn o'u tu.

Drannoeth roedd gwreiddiau'r hen dempo yn dal eu gafael ar grofen y Banc: taflu slag i lacio grip ola'r hirlwm ar y caeau o gylch y tŷ. Bwced mewn un llaw, y llall yn plymio'n gyson i feddalwch y powdwr, a hyrddiadau ohono'n disgyn yn ddanteithion ar borfa oedd wedi gorfod shiffto ar rewynt a chesair am fisoedd. Erbyn nos roedd glaswellt Cae Bach yn gegddu gan y sbleddach newydd a'r heuwraig yn dychwel i'r clos fel clown ar derfyn ei hact, dim ond gwyn y llygaid yn y golwg tu ôl i fasg o jet. Ac yna, pelydrai dannedd o wên buddugoliaeth drwyddo: roedd pob gwrtaith yn y ddaear am flwyddyn arall a hithau eisoes wrthi'n eu lleibio i'w chyfansoddiad. A phan oedd yr ymuniaethu hwnnw'n graenu'n eginlas dros ei hwyneb rhyw dair wythnos yn ddiweddarach, doedd y gwartheg ddim mor ufudd i berswâd Lass gyda'r hwyr i adael y caeau top am y beudy. Ac mor eiddgar eu hymadawiad ohono ar eu noson gynta o ryddid: gydag ymddatodiad yr aerwyau pob pen yn ei dyrn yn ei swingio throi hi'n awyddus tua'r drws i ddychwel i henfro'r gwanwyn.

Rhaid oedd sbaddu'r ddau wryw blwydd nawr. Wil Blaencletwr yn mentro i mewn at y cawrfilod yn y cwt stabal gyda'i binsiwrn gloyw. Persawrai'r lle gan hen domwraidd a'r ddau greadur du'n blatsh o gaglau. Mewn amrant, gwrthryfel yn torri mas yn erbyn yr ymyrrwr, y cyfyngder yn drobwll o ddwmbwr-dambar a'r pared yn ysgwyd gan gwpwl o belts hanswm. Ond yn y sgyffl, Wil yn llwyddo, drwy ryw nac neu'i gilydd, ar ei gyfres o ymlyniadau hedfanog, i ddal llinynnau'r bedair carreg o fewn deuddant yr efel yn ddigon hir i'w hawnsh wasgu'n gratshanad isel drwyddyn nhw . . . a dau eidion diniwed yn gadael y stabal am borfeydd y gwanwyn.

Torment y llo crut oedd hi nesa. Wedi bod yn nhywyllwch cornel o'r stabal oddi ar ei eni roedd yn ddall bost, ond yn hen bryd iddo yntau'n awr hefyd weld y gwanwyn. Brat am ei lygaid, tro yn ei gwt ac allan ag e i ddieithrwch yr ydlan. Tynnu'r mwgwd, a'r goleuni cynta'n brathu'i ddellni. Rhuthr tywyll ar draws y llannerch ar ei ben i ganol llwyn o wiail. Dargwympo'n hurt o'r bariwns hwnnw, a'i tharanu hi nesa am y clwstwr danadl poethion yn y pen pella. Hergwd hyd y bôn i hwnnw wedyn. Y dallineb yn para ar y sbrint ganlynol am dair cledren y bwlch. Landio'n blet yn rheini 'lweth. Ac felly o dolc-i-belten-i-glec tan i'r goleuni ledwawrio drwy lenni'i ganhwyllau, a'r cloddiau ryw ymffurfio'n amlinell werdd: ehangder yr ydlan yn ei ddofi a'r blewyn newydd o dan ei safnau'n ei ddarbwyllo.

Rhyw ddeufis a hanner wedi'r tyrnowt 'ma roedd Cae Lôn a Chae'r Ydlan yn ymdonni'n llanw o wair yn yr awelig. Diwrnod lladd, a'r gyllell yn baldorddi gyda'i fôn gydol dydd. Yn rhy amal fe'i tagai'n llwyr â'i drwch, ond roedd y teid i'w weld yn encilio'n bert at bellter y clawdd a'r awyr erbyn nos yn addo trannoeth delfrydol i'w grino. Ac yn wir, doedd yr addewidion hynny nemor fyth yn twyllo. Gwresogai'r wawr ar y 'stodau gan wafftio'u rhin ar yr awyr—bore troi. Torchent yn aeddfed o ffres i'r rhacanau, a chastanets y ceiliogod rhedyn yn gefndir i rythm y moelyd. Wedi tro neu ddau, gweld Dan a May Ddolwilym yn croesi'r weun atom a'u rhacanau'n uchel ar eu gwar, persawr y gwaith wedi cyffwrdd â'r gymdogaeth wair. Y ddau'n cychwyn arni ar eu cyrhaeddiad yn dawel reddfol ym mhen isa'r cae, ac yn torri cwpwl o eiriau cynnil wrth ymuno â ni ymhen tipyn ar eu rownd:

'Cneifeth dda 'leni.'

'O's ma' fe!'

'Bydd e'n ffit i fwdwl cyn nos.'

'Os dalith hi fel hyn.'

'Ma'i siŵr o ddala d'wrnod ne' ddou, g'lei.'

Roedd hen brofiad wrth wraidd y rhagolwg: erbyn tua dau roedd ansawdd y dydd wedi cwyro'r 'stodau at eu calon, a'r noson honno caeai sidanwe'r gwyll ar foethusrwydd o fydylau. Arogl crasu oedd y pelydryn cynta wedyn a'r gwlith wedi codi bron cyn ei ddisgyniad— bore cywain. Nawr roedd pwdel weun Rhosgoch Fach fel concrid i olwynion y gambo, Dan ysgafngorff a'i hat wellt ar y siafft gyda fformaledd o lein yn ei law. May'n danglo-eistedd tu ôl, Brown yn dilyn y rhigolau a'r cyfan yn sgytian arni i gynhaea gwair.

Rhoi llaw ym mhalfes mwdwl, o ran ffasiwn yn unig o dan y fath dywydd: hwnnw'n giglan i'r swmpad. Yn fuan roedd pigeied ar bigeied yn esgyn i'r gambo fel afon yn llifo tuag i fyny: rown ar goll yn y trobyllau wrth ei wastrodi'n oilyn o gymesur rhwng pedwar cornel a chanol; y pitshwyr yn dal i'w ymestyn ffluwchio i'm cyfeiriad wrth i mi ymgodi bellhau o'u cyrraedd a'r rhacanwraig yn crafu'n lân gan ofalu nad oedd dusw'n cael ei anghofio. A phan oedd y ddaear yn ymddangos yn ddwfwn obry dros yr ymylon sgwâr a chyfran go lew ohono'n rhedeg ymlaen dros fritshyn Brown, a dim ond brig ei chlustiau yn y golwg, roedd yn hen bryd ei throi hi am yr ydlan. Ara-glonciog y siwrnai honno: Dan yn cynnil arwain y gaseg gan roi ambell bip yn ôl i sicrhau fod y llwyth gydag e o hyd. Roedd bywiogrwydd y gwair fel daeargryn piwis ar y gambo: wrthi'n sleifio, gwegian a goleddu ar yr esgus lleia, ac unwaith y penderfynai sgiwio ac o ddifri ar drafael doedd dim y gallai neb wneud i'w rwystro rhag cymryd ei gwrs—ac ar yr eiliadau ansad hynny câi'r llwythwr ei sgubo ymaith a thwt landio ar ganol cae mewn esmwythyd gyda'r penyd o ail-lwytho'n dilyn.

Roedd yr ydlan yn fedlam o heulwair a hwnnw'n crafangu fel gwreiddiau mangrof yng ngwaelodion y gambo, coes y pige'n warpio mewn cydymdeimlad â chefen a braich wrth ymlafnio i'w godi'n rhydd, y gwres yn socian pawb, ac ehangder y das yn anniwall. Ymhen bythoedd dôi'n egwyl ginio, a Dan yn pwyso 'mlaen o draw at y ford, ei lygaid llwyd-ddu'n cymeradwyo tymer y goleuni drwy'r ffenest o'i flaen, clirio blewyn o grygni o'i lwnc cyn diwel ei de i soser, yr wy'n caled-oeri'n ei boced ar gyfer pwyllog derfynu'r pryd, a Brown yn y siafftau o hyd wrth iet yr ardd uwchben coeled ddiddig o wair. Wedyn, cynyddai'r das drwy'r prynhawn i frig celfydd o gyfnos, trugaredd o awel yn lliniaru'r ydlan, a Dan yn pluo-dwtio cudyn fan hyn a thwffyn fan draw i lyfnder gorffennedd o amgylch adeiladwaith y dydd.

Roedd yr ha ar aden: terfyn Awst yn rhyw gysgu'r dail a chrebachu'r borfa am flwyddyn eto. Ac roedd y ddau eidion blwydd mewn ymchwil o ddireidi am fan gwan yn y caead: newydd ddychmygu hirlas bach tyner yn ffynnu gyda bargodion yr hewl jyst dros y clawdd. Ac wedi sylwi'n barod fod 'na gyfle anhygoel i weithredu'r weledigaeth a wenai ar bwys: llathenni o wifren yn amlygu slacrwydd ar fola'r berth . . . a'r peth nesa roedd dwy war sgleinddu'n penlinio-lithro dani . . . ac yn selog ddatgan o'r ochor arall pa mor ddi-feth eu synhwyriad, a dwy neu dair o'r buchod eraill hefyd wedi dod i'r casgliad fod y fenter yn un wirioneddol werth chweil, ac yn y broses o egnïol brofi hynny dros eu hunain:

'Ma'r da ar 'hewl.'

'Faint sy 'na?'

''R eidonne 'no.'

''Na ddiawled yw rheina!'

Cwrs i'w rowndio'n ôl drwy wedduster yr iet i'w cae diflas-gwta am getyn arall. Ond roedd yn rhaid talu sylw'n streit i'r adwy cyn y byddai'r eidionnau'u hunain yn rhoi sylw pellach iddi: bob hyn a hyn llygadent y demtasiwn ar ben y clawdd gan ryw esgus bori'n nes ati o hyd. Cyn nos bwrw ati i gau. Cyrraedd y dramwyfa anghyfreithlon yn arfog gan forthwyl, bar, staplau, rolyn o weier bigog a chwpwl o bolion sbâr. Bellach hefyd roedd gyda ni dynnwr haearn gloywlas o newydd. Ildiai pridd top y clawdd yn rhwydd i dyllu'r bar, ond roedd angen cryn dipyn o wroldeb, heblaw am ddogn helaethach o ffydd, i ddal y polion yn stedi i'r un a'u colbiai'n ddwfwn i'w tyllau; profiad gwingol: cuchio i fyny ar y bar yn dyfal ddisgyn o'r uchelder ar dop y postion, blast yr ergydion yn jario o'r pen at fôn braich, a chysondeb o arswyd yn tabyrddu drwy'r fynwes y byddai un o'r colbiadau hyn yn methu'i tharged. Unwaith bod y gambl honno drosodd, a'r polion yn eu lle'n dalsyth, orig o dincran gyda chymhlethdod y gadjet newydd. Ac ar ôl treiddio'n rhesymol bach i'w gyfrinachau roedd hwnnw'n tynnu-ymestyn y weier yn llawer mwy hwylus na'r hen grip-llaw-am-glwtyn: stretsio'r weier mor dynn â thinc llinyn feiolin. Ymhen rhyw ddwyawr roedd adwy Cae Canol dan warchodaeth gwyliwr â'i arfau'n ddigon main i rubanu'r awel. Ac ni fu arwyddocâd hynny'n hir cyn gwawrio ar y ddau eidion chwaith: doedd ond angen snwffiad o gysidro cyn pendant ddod i'r casgliad fod yn rhaid bodloni eto ar ddiflastod y cynefin ynghyd â'r adwyau di-sbort i gonfensiwn y Weun. Ac eto, gwyddem na fyddai'r ddau gythraul yn hir o gwbwl cyn ailganolbwyntio'u hymchwil am ryw awgrym o ddihoenedd arall yn hen gaead ei chlawdd hithau am y Groesffordd.

Ond roedd gwaredigaeth ar y ffordd. A dyma fe'n cyrraedd gyda'r cyffyrddiad oren ar y dail a'i awgrym o fin ar yr awel: difrycheuyn o gar yn gleidio i'r clos, gŵr di-grych ei gap a'i bilyn ac esgid foethus yn camu ohono, uchelwr o borthmon: Tom Wesin. Tario ar y clos ar urddas ei fodffon a'i gyfarchiad mor aeddfed â'r hydre. Roedd y ddrama ar fin agor, y cast i gyd yn eu lle a'r cefndir yn berffaith: prynwr proffesiynol ei gerddediad ar ei ffordd tua Chae Canol a dwy fenyw gyndyn eu hosgo yn ei fatsho gam wrth gam. Oediog gylchu'r ddau eidion yn holl gyfriniaeth ei arbenigedd, slent y llygaid glas yn eu sgubol asesu o dagell i grwper, a rhediad y llaw dros y cefnau yn ategu'u dyfarniad:

'Eidonne da 'da chi, cofiwch.'

'O's, ma' gwell gra'n arnyn nhw 'leni.'

'Sdim go arnyn nhw, sach 'nny. Y trêd lawr yn ofnadw'n Llandysul dy' Mowrth, cofiwch.'

''Wedwch chi 'nny 'no.'

'Gweud calon y gwir 'thoch chi, ledis.'

A chyda hynny, yr act gynta drosodd a'r ail yn difwlch agor: y tri ar eu ffordd yn ôl i'r tŷ a'r deialogi'n rhyw ohirio'r tyngedfennol:

'Chi 'di ca'l y llafur miwn i gyd siŵr o fod?'

'O'dd e'n sbeshial 'leni 'fyd.'

''Na beth ma'r ffarmers i gyd yn 'weud.'

'Na, do's dim iws achwyn 'leni, wir.'

Wedi cyrraedd y gegin doedd dim posib osgoi anocheledd y drydedd act ronyn ymhellach:

'Faint ych chi'n ddala amdanyn nhw 'te, ledis?'

'Trigen yr un, 'no!'

'Miss Evans fach, s'dach chi'm gobeth. Sech chi'n gweld y farced yn Llandysul dy' Mowrth. Mynd yn sobor o wael.'

'Ma' rhein 'di ca'l 'u ffido'n dda drw'r flwyddyn, cofiwch.'

'O'dd rheini 'fyd. Gra'n da arnyn nhw, ond o'n nhw lawr r'wle, lawr r'wle Miss Evans fach.'

'Ma' rhein werth trigen, 'no. Sdim 'nôl na 'mla'n obyti 'nny.'

'Odyn, ma'n nhw'n eidonne pert, pert ofnadw 'fyd. Roda i hanner cant yr un amdanyn nhw 'te.'

'Na, 'ŷn ni'n dala trigen!'

'Cerwch chi i'r mart dy' Mowrth hyn â nhw i ga'l gweld dros ych hunen 'te. Rhwng cost y lorri a chwbwl fyddwch chi lawr r'wle yn ych pocedi, gweud y gwir 'thoch chi.'

'Na, dreiwn ni r'wun arall cyn 'nny.'

''Na fe 'te, treiwch chi, ledis bach. Chewch chi'm gwell pris na 'wy'n roi i chi, fo'lon marw.'

A dygai'r act i ben gydag exit ymadawol am ei gar. Ond doedd cychwyniad yr act ola ddim ymhell: roedd sydynrwydd ei ailentrans arferol o iet y cwrt â'r llaw fargeiniol allan yn anorfod:

'Dewch nawr'te, Miss Evans fach. Roda i fifty-five yr un i chi. Be chi'n weud? Dewch nawr'te, 'wy'm 'di ffeilu prynu erio'd 'da chi. Dewch nawr'te, gadwch nhw fynd.'

(Eiliadau o byslo a thelepathi o gip ar ei gilydd.)

'Reit, fifty-five 'te. Ond chi'n ca'l nhw'n shep, cofiwch.'

(Trawiad dwy law'n swnio drwy'r gegin.)

'A punt fach o lwc, Miss Evans. 'Wy'n arfer ca'l 'nny 'da chi. 'Di delo erio'd 'da chi.'

Roedd diwedd y ddrama'n agosáu: y llyfr siec yn ymddangos o ddyfnder y boced fewnol, y sbectol lydan ymyl-frown am y trwyn, y ddefod hollbwysig yn dilyn dan drem y ddwy oruchwylwraig, a'r llen yn disgyn.

Ond roedd drama lawer mwy ysbrydoledig ei phlot a chyffrous ei hactorion nag episôd gwerthu eidionnau ar fin agor ar lwyfan y Banc: roedd 'na dip sbwriel swyddogol i'w agor ar weun Rhydeinion i wasanaethu'r bröydd cylchynol. Ac yn wir nid sibrydion gwynt mo'r addewid chwaith. O na, fe'i gwireddwyd: o un i un dechreuodd y llwythi gyrraedd, yn ddibwys i gychwyn, heb y ffanfer leia i gyhoeddi'r achlysur. Ond wir, o lwyth i lwyth roedd y sail o sothach ar waelod y rhiw yn dechrau cynyddu'n dirnod o atyniad, yn enwedig pan weddnewidiai'r haul ei gawdelach a'i ddrangwns obry'n emau o ddisgleirdeb. Roedd twf y fath ffenomen yn gofyn am yr ymchwiliad manylaf. Ac ni fu bois y Banc fawr o dro cyn cofnodi nid yn unig ddyddiau ac oriau di-nod y daflen amser ond hefyd pryd roedd y llwythi mwya cyffrous yn fwya tebygol o gyrraedd: bob dydd Mawrth cymharol fain eu hansawdd oedd y llwythi a dreiglai, fesul rhyw ddwy neu dair awr o hyd, o'r ardaloedd gwledig o gwmpas y Banc: ond roedd 'na dipyn mwy o botensial i'r llwythi dwyawr a landiai o gyfeiriad trefi glannau'r môr bob dydd Gwener:

'Lorri dymps yn dod heddi.'

'Well mynd lawr i dwrio 'te.'

'Falle fyddwn ni'n lwcus.'

Roem yn ein lle i'r funud rhwng llwyni eithin y gripell yn gwylio'r dynion sbwriel yn dadlwytho 'tanom, ffrwd o sbarion cyfrin yn ymarllwys o'r crombil metal, ac ar eu hymadawiad yn disgyn â thrachwant curyllod ar ein hysglyfaeth. Ond y twrio'n llafur o siomedigaeth yn fynych: y llwyth yn ildio dim mwy cynhyrfus i'r pastynnau nag ugeiniau o duniau sardîns, potiau picls a photeli cwrw. Drewdod sych-ddwfn yn llanw'n ffroenau, yr holl sorod yn ymnyddu gan uncorff o gynrhon a'r gwylanod yn blysio uwch ein pennau— hwythau mor ddi-feth o'u diwrnod a'u hamser â ninnau, a'r crugynnau rybish ar 'nawn o ha'n eu brwdfrydu gymaint bob tamaid â phisyn o fraenar coch ym Mawrth:

'Dim byd o werth 'ma heddi.'

'Na, dy' Mowrth yw hi.'

'Fydd hi lot well dy' Gwener.'

'Fwy o bethe'n llwythi Cei.'

'Agor y sach 'na 'to, rhag ofan.'

'Be sy 'n'di?'

'Ych a fi! Pen mochyn, myn yffyrn i!'

'Well gad'el hi nawr g'lei.'

Ddydd Gwener roem yn fwy eiddgar yn ein gwylfan a'n clustiau wedi'u tiwnio fel whithrod i rŵn y lorri sbwriel yn dringo hanner milltir i ffwrdd o dro Garthddulw'd. Ac roedd gwedd fwy deniadol ar ei thrwyn hyd yn oed wrth droi i mewn am y tip y bore hwnnw, a chlwriwns mwy addawol gan y llwyth yn dylifo ohoni hefyd:

'Ma'n nhw'n slo'n mynd heddi' g'lei.'

'Beth ma' nhw'n 'neud 'te?'

'Gweld beth gân' nhw'u hunen ma' nhw.'
'Ân' nhw â'r pethe gore nawr.'
'Nage, cymhennu'r ochre ma' nhw.'
'Ma' nhw'n mynd nawr, bois.'
'Hen bryd 'fyd.'

Roedd ail gyrch yr wythnos mewn grym! A'r tro hwn, procio ffyrnicach y ffyn yn adlewyrch o'r disgwyliadau. Ac yn wir, fynycha, ni chaent eu dadrithio chwaith: ambell hen raced denis yn codi fel rhodd o'r isfyd; dim gwa'th na newydd o set dransistor bryd arall yn ddigon i fodloni'r breuddwyd mwya uchelgeisiol; a bwndeli o gomics cowboi a ddatseiniai gan wrhydri Buck Jones, Kit Carson, Kansas Kid a Rex Allen yn ein sbarduno'n is ac yn ddyfnach o hyd ar ôl y nyget fwya anhygoel ac annisgwyl i gyd. Roedd angerdd ein chwilfrydedd weithiau o'r fath galibr fel ag i ddileu rhyw ddwyawr a hanner o fodolaeth yn grwn oddi ar wyneb y blaned. Roedd cownt ein hamseru'n ango nes i glindarddach y lorri ym mwlch y tip yn dychwelyd â llwyth arall o'r arfordir falu'r swyngwsg. Y sgrechair DIANC yn gwrthod caniatáu eiliad i grynhoi'r trysorau, yn gwrthod popeth ond ei weithredu ag eitha cymalau. Ei sgidadlu hi dros y llechwedd sbwriel gan ddargwympo a thwmlo dros ddaeargryn o focsys a photeli, a bloeddiadau deuddyn y lorri fel gwaetgwn yn ein clustiau. Ac nid cyn i'w cyfarth wanhau ar ddiogelwch y drumell y dechreuem alaru am yr ysbail golledig:

'Ych chi'n mynd lawr i' dymps heno 'to?'
'Odyn.'
'Watshwch chi godwch chi r'wbeth 'na.'
'Na, ma'i'n ddigon saff.'
'Sai'n g'wbod wir. Ma' smel "sa' bant!" 'dag e 'ta beth!'
'Tamed bach.'
'A ma' nhw'n gwenwyno llygod yn ofnadw 'na 'fyd.'
'Dim gym'int â 'nny.'
'Watshwch chi bo' chi'n golchi'ch dwylo bob tro chi 'di bod lawr 'na, 'na i gyd.'

Ond byddai angen ofnadwyaeth filwaith mwy echrydus na gwenwyn llygod mawr i'n cadw rhag dychwelyd yno'r noson honno i ailhawlio darganfyddiadau'r prynhawn. Cwmanu dros y goriwaered tuag ato â'r dychymyg yn gwreichioni: roedd pob modfedd o'r ddaear o'i amgylch yn safnog gan bob math o drapiau a phob llwyn yn llygadrythu gan wylwyr. Ond rhamantu arwriaeth oedd y brafado i gyd: doedd gysgod o neb wrth gwrs ar gyfyl y lle, neb ond miloedd o gricedau'n cnewian y tawelwch, rhewyn ar bwys yn llidus gan fadredd, ambell gefen ac ewinedd o lygoden yn sgathru dros y gwydrau a'r tuniau, a'r llwydnos ar ddifodi'r pentwr diweddara. Syth ymhyrddio ati rhag ofan inni golli'r blwmin lot yn y fan a'r lle: pump archaeolegwr o ewyllys yn sgarmesu i adfer cyfran o gyfoeth gwareiddiad y prynhawn cynnar rhag diflannu am byth dan haenau philistaidd y llwyth ola.

Ond naill ai olrhain neu golli'r golud, rhaid oedd helpu drannoeth i dorri brwyn at doi'r das. Rown yn hoffi hogi. Carwn weld y garreg yn rhathellu i bylni'r bladur, a hwnnw'n deffro'n ddisgleirdeb i'w bît. A chartrefol oedd ei chlywed wedyn yn crecian frathu drwy drwch y corsennau yn nwylo Mam, a godre'r Cae Ffynnon yn iasu â'u tang. A'r iechyd yn para'n y ffroenau wrth eu whilbero i fyny i'r ydlan a chodi'r gwyrddni llithrig i orchuddio brig y das. Ac ymhen cetyn, ar noson o Dachwedd a'r glaw'n slentio'n loyw ar draws yr ydlan, gwelwn yn y strem pa mor glòs drosti fu cysgod y to brwyn wrth gyllellu i'w thalcen: roedd clydwch yr ha'n dianc o'i chostrelau a'r wanaf yn diddos dafellu i'w dyfnder o dan y penliniau.

Daeth y Tachwedd hwnnw i'w derfyn mewn ynfydrwydd. Ac eto, roedd oriau cynnar ei noson ola ond un yn llariaidd ddigon, y caddug yn dirion a'r gwynt yn awelog: doedd ronyn o awgrym gan yr un o'r ddau o'r eithafolrwydd roen nhw ar fin eu dadfolltio. Ond tua naw dechreuodd yr awelwynt dorri mas o'i wiriondeb, cicio'n erbyn y drefen ac ymdeimlo â'i gyhyrau ar hyd y fro. Erbyn un ar ddeg roedd yn fandal ffêr, ei ymddygiad yn achos anesmwythyd a'i regfeydd yn cyrraedd nodyn brawychus, y math o nodyn a drywanai, gyda phob esgyniad, yn bang drwy fola. Roedd y cyfryw reiets wedi hen alltudio cwsg: cydglosio mewn rhyw wyliadwriaeth ddibwrpas o ddisgwyl y gwaetha at ganolbwynt o dân, ond eto pawb ar chwâl yn ei ddychryn ei hun: y tywyllwch yn ymhyrddio o'r noethdir yn erbyn y tŷ, ambell chwythwm yn bygwth blastio ffenest y gegin o'i socedau a'r pandemoniwm mwya aflafar yn y simdde. A thua marciau dau— pinacl y gorffwylledd: dros ystod o ryw funud lawn ymddyrchafodd y dymestl i ddiawlineb rywle uwchlaw terfynau cynddaredd. Ebillwyd ein clyw gan sgrech o shinc yn ymrwygo, trawstiau'n hollti a darn solet o do'r gegin fach a'r llaethdy'n taranu o'u safle . . . wedyn ffrwd frwnt o law'n nadreddu i'r gegin dan y drws talcen.

Wrth fopio'r düwch hwnnw i fwced, a'r storm wedi gostwng ryw fodfedd neu ddwy o'i huchelfannau, dyma ddyrneidiau o gnoc ar ddrws y pasej, a llinyn o lais yn cystadlu â'r gwynt. Agor i'r cenlli: y MacMahons o Flaeneinion oedd ar y stepen, wedi methu â diodde funud yn hwy ar eu pen eu hunain yn y tyddyn ddeucanllath i ffwrdd, a'r tri ohonyn nhw wedi stryffaglian ar draws y weun am ychydig o gysur cwmnïaeth, beth bynnag am ddiogelwch. Hunlle o siwrnai fer: y tywyllwch yn fyglyd, y glaw'n foddfa a sweip un o bawennau'r angenfiles wedi codi'r tad yn gorfforol grwn dros ben y clawdd rhwng y ddau dyddyn. Ond doedd e flewyn gwaeth o'r hedfanad; yn wir, roedd ei eiriau diferol cynta ar yr aelwyd yn fodd i ysgafnhau dipyn ar y sefyllfa.

'A bitch of a night, I had a bit of help coming here!'

Ac yno gyda'n gilydd y buom yn clustfeinio ar y teiffŵn yn dringo ac yn gostwng ar yn ail yn ôl ei fympwy tan i flaenlwydni'r wawr laesu fymryn ar ei antics. Neu cywirach falle fyddai dweud nad oedd e'n swnio cweit cymaint o gythraul yn deg yng ngwelwder dydd, er ei fod yn para'n greadur go gandryll o hyd. Ond yr hyn a wnaeth y wawr, a hynny'n onest o ddidrugaredd hefyd, oedd amlygu holl erchyllter y difrod—bob modfedd bigfain ohono: to shinc y gegin fach a'r llaethdy ynghyd yn blethwaith ar hyd yr ydlan, cyfran ohono'n dwmpath ar ben y rhic wair; estyll y trawstiau'n sticio i fyny'n sgyrion o asennau; wal y llaethdy'n llanast a'r glaw'n fflangellu ar y meini glas; aelwyd y gegin fach lle'r arferem fwyta tato rhost ar nosau ha yn gyrbibion stecs, a'r grât a'i ddarn simdde'n ddrylliau.

'Ma fès!'

'Bois bach! Shwt ŷn ni'n mynd i ddod i ben â hwn?'

'Shwt digwyddodd hyn 'te?'

'Cornel shincen yn rhydd, siŵr o fod.'

'Newy' ga'l 'u 'neud o'n nhw 'fyd.'

'O'dd y tamed lleia'n ddigon n'ithwr.'

Ac o gwmpas ym mhobman roedd y ddrycin wedi canfod y tamaid lleia hwnnw o wendid yn y coed grymusa'u gwedd hyd yn oed: anferth orweddai nifer ohonyn nhw dros y ddaear a'u bonion o bridd a gwreiddiau yn torchi'n gochfrown i'r awyr. Ac afon Onwy a sbonciai mor chwareus ag oen fel arfer o dan iet y ffin yn danheddu'n arthes oren am y styllod canol y bore hwnnw. Blaeneinion a Ddolwilym i'w gweld yn reit ddianaf o draw; y MacMahons yn bwrw'n ôl ar hyd gwlyborwch y gweundir, a ninnau ynghanol y rwbel yn gorfod troi i gychwyn cymhennu, heb wybod ble i ddechrau.

Ac roedd y gaeafau'n gyntefig ar Fanc Siôn Cwilt: crafai'r dwyreinwynt o'r Whilgarn a Banc Cerrig Mawr â rhyw graster cynoesol gan waedu'r libart yn furgyn o lwyd, a phlingo'r gweunydd yn sgerbydau. Ac fel ein hen hen gyndeidiau disgwyliem ninnau'r un mor hirymarhous am synhwyro'r caledwch yn rhyw newid ei naws, a'r gelain yn cynnil ddangos fod 'na arwyddion o ail fywyd rywle o fewn ei marwolaeth. Gwyddem wedyn na fyddai'r ponis tac yn hir cyn dod i dreulio'r gwanwyn a'r ha ar Fanc Rhosgoch Fach. I ni, heraldiaid yr haul oedd y rhain gyda'u baneri o fyngau a'u cynffonnau llifeiriol, yn cyrraedd y Banc gyda rhialtwch, yn union fel yr esgynnai'r hafotwyr gynt o waelodion y gaeaf i ryddid y bannau ar ddiwedd Ebrill. A chyda'u gweryrad ar draws y topiau a grŵn yr afar wanwyn yn cefndirio i'w dathliad, roedd asbri hen yrroedd y Calan Mai eto'n sgubo ar draws y bencydd.

Ac fe'm sbardunwyd innau unwaith gan Galan Mai i weithredu uchelgais o fwrw 'mhrentisiaeth fel crwtyn o was ffarm. Mae'n rhaid mai'r un yr antur honno yn y bôn â chyrch yr hen gynlwythau wrth deimlo'r ha eto'n meddiannu'r ddaear. Roedd y rhagolygon yn pefrio: Dafi Bryn wedi addo fy nghymryd dan ei aden, y bore'n suoganu ar bob llaw dros y goriwaered tuag yno a'r darluniau ynglŷn â dyfodol yr alwedigaeth yn gwrido'r galon. Ac yn wir, bu'r diwrnod cynta'n wireddiad llawn o'r rhagddelfrydu: roedd Dafi'n fistir eidïal, yn caniatáu i'w was y fraint o ddiderfyn farchogaeth ei globen o dractor

Dafi Bryn a Magi.

79

heb gymaint â hanner newid ar y gwynfyd: y Fforden fawr ar ei hymlusgiad yn ufuddhau mor hynaws i bob cyffyrddiad o'r llyw, y rowl yn fiwsig dros y tir had o'i hôl, Dafi ar ben y dalar yn gwenu drwy'i sbectol ddwbwl, y troi ar bob pen tir mor ddi-hitsh, a'r siwrnai'n ôl dros y lled newydd o hyd yn baradwys o ffermio. Ac roedd y llond plat o dato mawr gwynion i ginio gan Magi yn gyfeddach, cyn gwibio'n ôl at y tractora diddiwedd—diwrnod o aur cyfan gwbwl ddifrycheuyn. Ar y ffordd adre drwy lwydnos o borffor ni fedrwn lai na'm llongyfarch fy hunan ar ddewisiad ysbrydoledig o swydd. Ac yn addewidion y machlud roedd trannoeth yn gwawrio'n barod!

Ac fe agorodd trannoeth yn garlamus o rosynnog. Ond ni pharodd y petalau'n hir: roedd rhyw swynwr cythreulig wrthi'n gwywo'r panorama, dryllio'r alwedigaeth. Nid 'run Dafi oedd hwn â'r model o diriondeb a safai ar ben talar ddoe. Ac nid diwrnod rowlio oedd hwn chwaith. Nage, diwrnod labro oedd hwn—diwrnod slafaidd o grynhoi cerrig ar y weun fach. Ac roedd 'na gerrig fel pe baent yn tarddu dros honno fel madarch: yn dibaid esgyn o wâl yr hen rai rown newydd eu codi. Nawr, un mater oedd trin pige i saernïo mydylau am brynhawn, cyfandir arall oedd handlo bwcedi i grugio diderfyn o gerrig gydol dydd. Roedd sbectol Dafi mor bŵl â photel bop wag drwy'r diwrnod, gwylanod y dymps yn sgafenjers ymysg y drewdod, a'r cerrig yn di-stop atsain ar waelod ac ochrau'r bwcedi. Segurai'r Fforden fawr yn ddolur llygad yng nghornel y clos, sgipiai dwy neu dair brân yn wawdlyd dros ogoneddusrwydd ddoe, ac roedd blas chwerw ar dato Magi amser cinio. O ie, balm i gefen oedd ennyd gollwng. Ac ar y ffordd adre drwy wynegon o fachlud roedd y syniad o dorri cyflog yn blodeuo'n awen yn y dychymyg. A thrannoeth, roedd aelodau arteithiol o sgrwb yn fwy na chefnogol i mi lawn weithredu'r ysbrydoliaeth hefyd. Ac er y gorbarodrwydd i'w hufuddhau ni allwn lai na phendroni ynghylch deuoliaeth gymhleth Dafi. Ond nid arhosodd felly'n hir; goleuwyd y sgitsoffrenia'n fuan: Moi Cwrt yn cwrdd â fi a Mam ar dop Rhydeinion ryw ddeuddydd yn ddiweddarach:

'Shwt ma' gwas Bryn heddi 'te?'

'Ma' gwas Bryn 'di ca'l digon, Moi bach,' (gyda chwerthiniad awgrymog).

'Digon? Jawch beth o'dd yn bod 'te? Dafi'n gwasgu gormod 'no fe,' (gyda chwarddiad 'run mor gyfrwys).

'Nid dim ond dreifo tractor yw ffarmo, t'wel Moi.'

''Rail dd'wrnod 'na lladdodd e, G'ladys!' (rhagor o chwerthin ystrywgar).

Moi Cwrt.

A chyda rhuthr o ddealltwriaeth sylweddolais mai gweithredu ar orchymyn a wnâi Dafi radlon drwy weinyddu caethwasiaeth yr eilddydd; cyflwyno'r prentis i ddyfnder bywyd gwas ffarm fel 'tai i wirioneddol ganfod a oedd stwffyn y fath wrthrych yn rhan o'i gyfansoddiad. Gair gan Mam yn ei glust a weddnewidiodd wyliedydd addfwyn y pentir yn grynhowr cerrig mor flwng dros nos!

Ond roedd Moi fripsyn allan ohoni er hynny. Ni lofruddiwyd pob chwilfrydedd yn gwbwl gegoer; ni ches gas at bob dull o amaethu. Roedd 'na atyniadau ar ôl o hyd i danio hoffuster. Ac un o'r rheiny oedd gwylio May Ddolwilym yn corddi. Eistedd ar brynhawn o Fehefin ar gôr y beudy, hithau'n troi a throi'r hen fuddai felen yn y sgubor, y ddeuddrws led y pen a miraglau'r ha'n dylifo i'r adeilad hynafol. Ond y miragl tyneraf oedd mewndir y fuddai wrth ei hagor ar derfyn y troi: profiad fel pe bawn yn suddo o sgubor Ddolwilym i ryw isfyd crwn ar wahân, daear â'i haer yn dawch iachus, gwlad o lynnoedd gwyn a chwlffen o leuad yn pelydru drosti. A'r ennyd nesa câi'r lleuad ei chodi o'i hwybren a'i chlatsho'n afieithus ar wyngylch o bren. Sŵn yr ergydio'n ego'n yr haul, gwlybaniaeth yn perlio o'i chraidd a'r lloeren yn ymnewid dan dor, a bysedd yn gefnen galed o fenyn. Hwnnw wedyn mewn pewc yn pyramidio'n fasnys melynwyn ar ford y gegin, a cherfiadau'r olwyn fach yn glwstwr o hieroglyffics ar eu cernau.

Ac roedd gardd Ddolwilym gyn addfwyned â dyfndir y fuddai. Cawn yr ymdeimlad o suddo o realaeth y Banc wastad wrth agor ei chlwyd hithau hefyd. Ond y tro hwn nid i lewych ogo mo'r treiddio ond i lannerch rhwng jyngl o berthi. Doedd rhaeadr yr haul byth yn teneuo ar ei moeth; doedd cynos o law byth yn claeru'i blodau. Gwyniasai'r rheini wastad drwy'i gilydd â seindorf o wenyn yn eu plygion. A'r llwyni: pingai'r rheini gan sypiau o neithdar: gwsberis yn gwenu'n felynwyrdd mewn un cornel; cyrens coch yn sbortian ei chalon hi yn y llall; afalau'n ymbincio yn y pen pella; cyrens du'n llen o fuchudd gyferbyn. Tandwf nadreddog o lysiau wedyn: shilots yn treisio'r pompion ifanc; pompion yn chwyddo'u gorau gwyrddlas i feddiannu'r llwybyr; letys yn lladrata'r haul oddi wrth y radish; radish fel pe baen nhw'n sugno goleuni rywle o'r pridd: dryswch o fatel ffrwythlon yn y gwres. Ac ymunai'r adar yn y sgarmes: adenydd tywyll yn chwyrlïo draw; copa oren yn sbecian fan yma; mynwes gochlyd yn ffaglu'r dail; pig felen yn ariannu'r glesni. A thyngwn ar adegau i mi ddal ar ymlithriad o gefen melynddu drwy ddellt y cidnabens am eiliad, a phwt o chwyrniad yn dilyn o'r prysgwydd. Bryd arall cael crap ar fellten lwydaidd yn swingo drwy'r canghennau, neu glywed ryw hisian o dwrw o wlydd y trofâu. Ac yng ngardd Ddolwilym roedd y nos hithau'n sobor o ddiamynedd, yn gwrthod yn deg â gadael i'r dydd ymlwydo'n hamddenol yn ei bwysau'i hunan, ond yn disgyn â sydynrwydd llewes ar ei wartha gan ei ddiffodd mewn winciad. Rhaid fod y difa hwn yn arwydd i denantiaid y dydd gilio i'w hencilfeydd, ac i ddeiliaid y nos ddeffro a chymryd eu lle ar lwyfan y ddryswig. Ni welais erioed mo'u perfformiad nhw; rhaid oedd encilio gyda'r goleuni er bod y rhwyd o lelog a gofleidiai'r fynedfa'n gwneud eu gorau porffor bob tro i'm rhwystro.

Ond 'run oedd canlyniad y gadael wastad pa amser bynnag o'r dydd oedd: camu o rwysg y trofannau yn ôl i ganol cignoethni peithdiroedd. Ac roedd hi'n syndod pa mor hywedd a gostyngedig y gallai'r rheini'u hunain, hyd yn oed, fod o bryd i'w gilydd; hynny yw, pan ddôi'r whim drostyn nhw. Ond doedd 'run llwchyn o ddal arnyn nhw o gwbwl: cadno o dirwedd oedd y Banc. Cae Lôn yn hepian ar brynhawn o Orffennaf gan rwshal gwair; yr awyr yn ffyddlon o asur, y bencydd yn gefnogol a gobaith yn ei goreuro hi am lawnder Cae Lôn cyn darfod o'r dydd. Ac yna, heb smotyn o achos, yn gwmws fel pe bai'n deillio o ddim, gwibgysgod o wg ar draws y ffurfafen, prin awgrym o lugoerni ar wyneb y rhos a'r annhosturi'n cynyddu dros ei thalcen. Gwybod yn rhy dda am ystyr y teip hwn o facsu: ni fyddai'r fflodiart lawer yn hŷn cyn ymddryllio. Gwyddai Brown rhwng y siafftau hynny'n burion hefyd: adlewyrchai goleuni'i llygaid sgowl y garn a'i chlustiau'n aflonyddu fel 'tai'n dal ar gorddi'i hemosiynau. Rhuthro i bentyrru'r llwyth i'w gael i'r ydlan â'r cuwch yn dyfnhau fesul eiliad ar ael y Whilgarn. Ac roedd y llwyth hwnnw yn y broses o adael Cae Lôn drwy iet Cae'r Ydlan pan chwilfriwiodd yr argae: y garn yn mynd i sterics gan raeadru wylo dros bobman. Hwnnw'n plastran ar wresogrwydd y llwyth, socian cefen Brown a pheltian i gylla'r gweddill o fydylau'r cae. Doedd fawr i'w wneud, dim ond tynnu Brown o'r siafftau yn yr ydlan, gadael y llwyth a Chae Lôn i'r cenlli a'i baglu hi am y tŷ, ond nid cyn sylwi ar y lleithder a lanwai ar ymylon llygaid Mam.

Ond wedyn, nid ataliodd ffitiau'r flwyddyn neb rhag cael ei wair i fwcwl yn hwyr neu hwyrach, gan gynnwys yr amaethwr hwnnw o Dderwen Gam a ffermiai fanc Bryneinion ar y pryd. Crynhodd e'r cwbwl i das aruthrol o fyrnau ar dop Blaeneinion a thaflu difesur o ddarpowlin gwyrdd dros y cwbwl. Ac wrth gwrs roedd potensial lwc-owt i ni yn y fath uchelder, cyrchfan a fedyddiwyd gennym yn rhic Oakford. Mynych ein hymweliadau â'r guddfan honno dros weddill yr ha. Sgrambliem i'w chalon dros ei hochrau ac o'i brig, dan glydwch o babell werdd, syllu allan fel gang o sbiwyr ar fynd a dod ystrydebol y Banc: Owens Post yn dod â cheirch i'w bonis ym Mlaeneinion; moduron yn ymddirwyn draw ar y briffordd; y glaw'n swibio draws gwlad ambell brynhawn. Ond un cyfnos lliwiwyd y rwtîn gan ymweliad a barodd i'n llygaid chwyddo o'u socedau: modur yn llithro i mewn i'r comin draw otanom, stopio, a dau ffigwr ei seddau blaen yn closio mor dynn at ei gilydd nes bron iawn ag ymddangos fel un. Ni allai dim fod yn fwy o rodd gan y duwiau—y gwylwyr yn eu tŵr a golygfa'r golygfeydd yn agor yn union danyn nhw.

Ond diawch, er chwyddo llygaid i'r pen fel rhes o delisgops, gyda chymorth yr estyniad eitha hyd derfynau'r tarpowlin, roedd y car fymryn yn rhy bell o hyd i ni sefydlu manylion mireiniaf ei weithgareddau mewnol mor berffaith mewn ffocws ag y dymunem. Felly am y tro, rhaid oedd bodloni ar lynu yn ein nythle, gan ysbeidiol sgafnu'r rhwystredigaeth gydag ambell bwl isel o ddifyrrwch ar draul ein targed diymwybod; glynu gan ddiymadferth wylio'r olygfa'n lleitho tu ôl i ffenest o darth. Ond nid diymwared i gyd mohonom chwaith; roedd gormod o ddyfodol mewn cyfle fel hwn i gwbwl ildio'n hanfanteision. Cyn i'r modur niwlog sleifio allan o gomin Blaeneinion yr hwyr hwnnw roen wedi recordio dydd ac amser ei gyrhaeddiad fel ei gilydd gyda gobaith o sicrwydd y byddai'n dychwelyd i fangre mor ddiddistyrbans ar yr un awr o'r un nos yr wythnos ganlynol. A phan wawriodd yr hafnos gynllwyngar honno roedd gwylwyr y Banc mewn cuddle llawer iawn mwy manteisiol na phellafion rhic Oakford; y tro yma roen nhw o fewn mynwes rwyllog llwyn drain ryw bellter poerad i gilcyn y lay-by carwriaethol.

Ac yn wir, i flewyn y funud bron, dyma wrthrych y paratoadau'n gleidio o fewn trwch teier i'r un safle. Yn otomatig dyma'r sioe'n agor o'n blaenau drwy'n camofflaj. Doedd dim gofyn am weindio'r telisgops dros y top bellach, er eu bod yn ymestyn lawn mor rythol at eu nod, fel y datblygai'r ddrama, ag o bellterau'r wythnos cynt. Digymar o strategaeth: dal, rhwng mygu pwffiadau o chwerthin, bob manylyn o bob anwes, cusan a choflaid â'r claerineb mwya tryloyw. Ond fel o'r blaen, wele'r ffenestri'n cychwyn ymateb i wresogrwydd y mewndir, ac er ein hagosrwydd diflannai'n harddangosfa o'n golwg fesul modfedd lawn mor anochel ag o'r blaen. Rhaid oedd gweithredu, a gweithredu ag arddeliad hefyd—caniatáu un ffling o ollyngiad i'r direidi a gyfyngwyd i'n boliau gyhyd; achub un ffrwydrad o iawndal am ddiflaniad y difyrrwch a niwlai'n raddol o'n gafael. A chyn cyfan lwydo ohono dyma gyhoeddi cyfrinachedd yr wyliadwriaeth yn y modd mwya drylliol posib: yffach o glytsen yn ei hedfan hi i gyfeiriad y car, y don gaethiwus yn dianc o'n stumogau mewn bloedd o rialtwch, a'r sodlau'n gosod cymaint o ddaear y Banc ag y medrent rhyngddyn nhw a'r cariadon cythrybledig. Roedd y cwrci allan o'r cwdyn mewn difri bellach; ni ddychwelent i'r un rondefŵ byth eto, a'r noson ganlynol roem yn ôl ar dalcen rhic Oakford yn smalio sbio ar oruchwylion cyfarwydd y Banc. Ond roedd tresbasiad yr hydre wrthi'n rhifo'n hymweliadau er hynny. Ar dro, byddai'n cael storm o hwyl yn llanw canol y tarpowlin â llyn o law nes ei gwneud yn dra lletchwith i ni ymwthio'n ffordd i mewn tano. O dan y fath lesteiriant, rhaid oedd ymwasgu i mewn gan roi'n cefnau'n unol dan y llwyth dŵr i'w godi ddigon iddo syrthio'n ffrochwyllt dros yr ochor. Bryd arall i'r gwrthwyneb y gweithredai: dyrchafu'r tarpowlin wrth ei gortynnau fel cythraul o hwyl lwydwerdd gan droi top y rhic yn draffordd i'r gwynt. Ac yna'n ddiarwybod, daeth â'i thynged yn ei esgyll: un prynhawn o draw gwelom bedwar dyn fry rhyngom a'i firi'n dihatru cynullfan yr ha fesul bwrn i'w chludo ar lorri'r hydre yr holl ffordd i Dderwen Gam.

Ond nid mamaliaid i gael eu heintio gan felancoli'r tymor oedd bois y Banc, nac i alaru dim am golled rhic o fyrnau chwaith. Doedd rhyw ddwli o feddylddrychau fel yr ha'n marw neu ddyfodiad gaea arswydlon arall i gymryd ei le ddim ar gyfyl y calibr. Deubeth yn unig a olygai lleddfdra'r hydre: diarhebol o gyrchoedd gwefusddu ar glystyrau mwyar a chrafangiadau i uchelion cyll Moelifor am eu clymau pump. Ac eto, un hydre tua diwedd y pumdegau, roedd 'na flas fil chwerwach yn crynhoi dan golur Medi na mwyar cynrhonllyd a masgal gwag. Y flwyddyn honno roedd Cae'r Ydlan yn suo gyda'r llafur perta a donnwyd gan awel erioed: ei frig cyn grased â dyrnaid o gnau newydd eu hela a'i fôn mor solet ag afalau ffres—cnwd o ŷd yn telori am feinder. Yna, un canolddydd fe lwydwyd y Banc gan un o'i byliau arferol: snwffianodd y glaw yn groes o Fanc Main i gychwyn, ond ymhen chwarter awr roedd yn wylofain dros chwerthiniad Cae'r Ydlan. Ni bu'r wep yn hir cyn diffodd y sbarcl hwnnw, ac erbyn yr hwyr sylweddolwyd â stab o ddychryn nad rhyw ennyd o hic-yp mo'r histeria hwn. Drwy gydol y nos roedd ei sangiad meddal ar y to'n dal i'n deffro'n ysbeidiol fel sgytiad taranau. Ac er goleuo o doriad dydd doedd dim arwydd gostegu ar ei dywyllwch; yn hytrach, blancedai fwyfwy am Gae'r Ydlan gan ei fygu'n dew. Roedd hi'n brynhawn diweddar ar y Banc yn cael gwared o'i afiechyd, y glesni'n dychwel i'w lygaid a gwên felen i'w ruddiau. Ond erbyn hynny roedd holl ogonedd y cae'n swbach ar lawr. Troellai anwedd o'r annibendod a'r gwres yn troi cadernid y bôn yn swp o jeli. Doedd feinder mewn bodolaeth a'i torrai bellach, a doedd 'run combein ar gyfyl Banc Siôn Cwilt. Felly, dim ond un offeryn arall yn unig a allai gyllellu rhwng gwaelod y llanast a'r ddaear: Isaac Nash! Drannoeth aeth Mam allan â'r bladur i geisio achub y tri chyfer gorweiddiog. A dyna lle bu am y bythefnos nesa: yn hyrddio . . . a hyrddio'r llafn i fysg y cordeddog a hwnnw'n ei ffeilio o'i awch bob ugeinllath, y diflastod yn ara rimynnu o'i hôl, a'r awel yn oeri'r chwys yn gramen drosti. Ergydio arni, â hunlle o ragolygon yn unig yn ei chadw i fynd: wyneb y gaea'n nesáu o hirbell at fwlch yr ydlan, honno'n fwy diamddiffyn o lawer nag arfer o dan ei gilwg, a'r gwartheg yn byw ar eu gweflau yn y beudy yn sŵn ei wawd. Ac fel un wedi'i meddiannu gan yr ofnadwyedd hyrddiai arni'n dragwyddol beunydd i safio cymaint o dywysennau o blith y marwor ag a fedrai llafn pladur. Ar derfyn y bythefnos, diolchgar gyweiniwyd y rhan gadwedig o Gae'r Ydlan i ddiddosrwydd ar ffurf sgubau rheffyn; ysbeiliwyd y gaea o'i ysglyfaeth. Ond fe fynnodd yntau'i gyfran o'i ddialedd er gwaetha'r gwrhydri: bu'n rhaid i Mam gadw gwely am y dair wythnos ganlynol i adennill nerth ynghanol hunllefau o flinder.

A chyda dynesiad y gaea hwnnw nid y gwenoliaid pluog yn unig a gefnodd ar y Banc. Gyda ias diwedd Mai penderfynodd gwenoliaid dynol Blaeneinion yn ogystal wneud yr un peth. Disyfyd eu hymadawiad fel eu cyrhaeddiad; natur a phriddyn digymod y Banc wedi profi'n ormod iddyn nhw. Roedd hiraeth o'u gwylio'n mynd; roen nhw wedi llwyddo i fagu agosatrwydd, a chwithig oedd gweld Blaeneinion yn wag. Dilynodd cogau dynol Pantrasol hefyd y gwcw a fudodd o foeldir Pant Lluast ryw ddeufis a hanner ynghynt. Gadawyd y tyddyn i hydrefu gyda'r criafol ac aeron y gerddinen; i ddychwelyd eto i feddiant yr hen genedlaethau; i grebachu'n un â chnyciau Fronwilym, Rhydwilym, Rhyd-fach a Glanrhyd; ac yn ddyfnach i gysgodion yr hen dai unnos a ddirgrynai yng nghefndir y gwynt.

Ond daliai ysbryd min gaea i amlygu'i barhad dros y Banc. Ar y pumed o Dachwedd roedd gyda ni lun o fwgan gwellt yn cydbwyso ar domen o deiers, coediach a styllod ar gomin Blaeneinion ar gyfer ein gŵyl o dân. Y rhew'n cynnau'n serog uwchben, y pentwr yn rhagluniaethol o sych ac Alun Ddolwilym, ein harbenigwr ni ar ffeierworcs, yn swyddogol barod ar ei gwrcwd dros y gwaddol ffrwydron. Ac ar hyn yr archfatshenwr yn mynd i ysbryd y sioe: fflyd enfysau o rocedi'n dwyrannu'r gofod, olwynion llosg yn chwyrlïo'r ddau bostyn iet, a'r bangers yn malu llonyddwch y cytir. A daliai brig y goelcerth i ddanheddu'r nos ymhell wedi i'r roced ola ddychwelyd yn llwch o'r gwyll a'r bangers ymddistewi'n y barrug; fflamio ar gychwyn gaea fel yr hen hen danau a ddeisyfai'r gwanwyn unwaith o rynwyll Neolithig y Whilgarn gyferbyn.

Ac fel y llithiai awelon Ebrill yr ymwelwyr yn ôl i fondo Blaeneinion fe'u dilynwyd dan drawstiau'r tyddyn gan wennol smala o wlad Pŵyl: gwennol hirgot welingtonaidd a'i golygon gorlas yn serennu o dan ffagal frithwyn o wallt, y wennol a fedyddiwyd gennym yn Pôl Blaeneinion. Ac fel gwenoliaid y sgubor fe dreuliodd oriau'r ha o dan wybrennydd y Banc. Dechrau drwy gartio'r domen allan o'r clos i'r caeau drwy gyfrwng hirsgwar o dreiler, a phicwarch filain ym meingefn pob llwyth, yn cael ei halio gan bwfflyd o dractor. Agorodd yr haul gorden ei got a'i ddiosg hyd lewys ei grys at dreulio'r nosau yn rhodianna'r caeau yng nghwmni'i bedair buwch gan ymddiddan â nhw yn ei heniaith wrywaidd. Bob hwyrddydd rhyngai'i '*horna horna*' yn ddwfwn grai i'r gwyll. A phan fyrhawyd hwnnw gan incil cynnar yr hydre ni theimlodd y nâd i godi o'i glwydfan dros y gorwelion chwaith. I'r gwrthwyneb, gororau'r Bannau Duon a nesaodd yn brynhawniau cwtoglyd ato fe gan gau'i gerddetian am y tro cynta ym

Mhŵyl Onwy o'i throthwy hyd at grychni'i ffin ac yn ôl drachefn o dan ei chronglwyd. Digwyddem ei weld ar dro'n ffyrlincan ei gaethder, a sylwi weithiau hefyd ar arlliw unig o olau'n slantio gydag ochor ffenest y tŷ.

Ond un bore dychwelodd Lewis Post atom dros y weun o Flaeneinion gydag anesmwythyd yn mygu'i atal dweud: roedd y cwpwl o lythyron a adawyd ganddo yn y pasej ers tridiau yn dal i fod yno heb eu hagor, a doedd ei awyrgylch oerllyd yn unlle i neb fentro i'r tŷ ar ei ben ei hun y bore hwnnw. Aeth Mair yn ôl gydag e i archwilio'r dirgelwch: pwysai'r anolau dros y pasej a gorweddai'r llythyron yn anghyffwrdd wyn ar hyd-ddo. 'Run mor sinistr y gegin: tanllwyth o lwch yn hulio'r grât, ychydig o lestri brwnt ar draws y bwrdd, a'r welingtons mawr fel pâr o fadau ar waelod yr ysgol-risiau. Roedd yr ateb yn eu haros yn y llofft uwchben: oedi eiliad ar ben y grisiau i'r llygaid gynefino â'r hanner gwyll rhwng y trawstiau . . . amlinell gwely'n ymrithio o'r cornel pella ger ffenest bitw'r talcen . . . dynesu . . . gweld: gorweddai'n sypyn yn y llwydni—un llaw fel 'tai wedi syrthio'n ôl o ystum crafangiad am yr anadl ola, y gruddiau fflamgoch yn farmor a'r torolygon yn rhythu'n ddall i gysgodion y nenfwd: celain o alltud mewn llofft anial a'r Nadolig ar bwys.

Ond ddechrau Mai 1959 cludodd y wennol a'r gwcw galon yr ha yn ôl gyda nhw, dan eu hadenydd, yr holl siwrnai o Affrica i sycamorwydd Blaeneinion a thresi aur Pantrasol. Roedd y fath ysblander o rodd yn brofiad goranarferol i gorun y Banc, a dechreuodd ymffrostio yn ei swancrwydd dierth. Daeth miri disgleiriach i lygad y bore, nodyn mwy talog i dafod yr 'hedydd, chwarddiad melynach i'r tresi aur, a gwyllni o ansawdd sidan i'r afar wanwyn addoli'i chalon hi o seintwar Rhosgoch Ganol. Doedd ryfedd fod y Banc yn brolio. Yn wir, ei duedd ar amgylchiadau fel hyn oedd emosiynu i'r fath eithafion nes cracio'n dipiau yn y broses: y sgytiadau'n taranu o'i ddyfnderau, angerdd gwynlas yn ei wifrennu a chynddaredd o ddagrau'n cyrraedd i'w hanterth:

'Yffach, o'dd honna'n agos 'fyd!'

'Ar y clos, g'lei.'

'Dim whare yw'i heno.'

'Gwaith y Brenin Mowr, bois bach!'

A'r Banc yn fflachio ac yn siglo o'n cwmpas gwanai'r geiriau hynny'n elfennaidd i graidd fy mola. Swatio'n barlysol ar dro'r grisiau gan ryw badera ymbil ar i ros Blaencletwr adennill tipyn o gydbwysedd, adfer gronyn o normaledd:

'Ma' nhw'n slaco, g'lei.'
''Weden i bo' nhw.'
'Odyn, ma' nhw'n bwrw 'sha'r môr.'

Cysur o sylwebaeth! Ac oedd, roedd y cryndodau'n eiddilo rubanu am y gorllewin dros fanc Fron i lawr am Gwrt-y-Rhydlyd ar eu ffordd am Gei Bach, a gwên o galibineb hwyrol yn dychwel ledu i dremyn y Whilgarn.

Ond roedd yr ha hwnnw'n perthyn yn nes i anian drofannol ei ddau hebryngydd nag i natur ogleddol Banc Cwm Einion, gwcw-wennol ffêr o dymor yn hytrach na thrimis brain cryglyd y rhosydd. A doedd gan y rheini hyd yn oed fawr o siawns ar godi cer'ed ar hwn ddiwrnod cyn pryd chwaith. Oedd, roedd gan y maferic 'ma dymer hirymarhous, ac wedi hen berch'nogi'r bannau a thwyllo'u trigolion yn y fargen. Peraidd ddeffroai bob bore fry ar ei rimyn lladrad gan ein swyno dros ein clustiau; hamddena'r prynhawn gyda ni ar y Weun gan daflu'i siesta drostom, ac ymhen hir a hwyr ein hanwesu i noswylio gydag e dan lenni o borffor.

Ond cyn pen mis dod i sylweddoli fod 'na ochor dywyll i glaerineb y gwenieithwr hwn: roedd y fisitor 'ma wedi hen orsefyll ei groeso. Ar un o'i hudolus foreau, wedi i'r lorri laeth ymadael, digwydd sylwi fod 'na diced goch ar un o'r shyrns ar y stand, a honno'n rhythu'n gyhuddol arnom o ben y lôn. Ond roedd mwy na chyhuddiad i'r eiriasedd, roedd yn sgrech o golled: yr ha estron wedi suro'i chynnwys ar y stand y diwrnod cynt, yn ôl pob tebyg, tra oedd yn disgwyl i'r lorri gyrraedd, a ffatri laeth Felin-fach wedi'i gyrru'n ôl gyda'r troad. Arllwys y llefrith torthog tu ôl i'r clawdd, a'r blagard yn gwyniasu sbortian iddi am ddiwrnod arall o loddest. Y noson honno roedd ein dwy shyrn yn arnofio dros eu clustiau mewn bobi dwba o ddŵr meinias, a'r holl rewgell wedi'i neilltuo mewn cornel cŵl rhag i lygaid yr haul gael y sesad leia arni. Roedd hwnnw wrth gwrs yn ei mabolgampio hi'n bert ar ros Blaencletwr heb smic o arwydd blino, er ei bod yn ben adeg ers sbel i unrhyw haul call arall feddwl am droi tua'r cae nos. Mewn cwpwl o oriau wedyn pan oedd y fath ledsyniad yn rhyw ddechrau cyniwair ei glopa orengoch, roedd y ddwy shyrn yn ddiogel fferru yn eu cwtsh er bod meilord yn cael cryn ffwdan i setlo am y nos, ac yn llwyddo i gadw pawb arall ar ddihun gydag e yn y broses.

Eto, er ei oriau o anhunedd, drannoeth roedd ar ei draed mewn hwyliau tanlli oriau o flaen pobun. Ond daliai'r ddwy shyrn yn oeraidd braf, codi'r clawr . . . cip ar y galwyni gwyn jyst rhag ofan . . . rheini'n iraidd o iachus at y fyl. Nerth dwyfraich i'w codi o'u twbeau. Triphlyg stryffaglu â nhw i fyny'r lôn ychydig funudau cyn cyrhaeddiad y lorri, gan grefu na fyddai honno'n rhyw dindroi'n ormodol dan olygon y gwalch ar ei ffordd i Felin-fach. Fel yr ofnwyd, roedd 'na ddwy diced lidus arall yn cilwgu eto ar ei hymadawiad, a'r un tywallt surllyd i fola clawdd yn dilyn dan wawd 'run cnaf:

'Ticeds coch heddi 'to!'

'O's, myn jawl i!'

'O'n nhw i' ddisgw'l on'd o'n nhw.'

'Gewn ni weld fory nawr ar ôl y cwlo n'ithwr.'

Y bore canlynol roedd 'na ddisgwyl aruthr am y lorri laeth, y prawf tyngedfennol o effeithlonrwydd oerfel y ddau dwba: main-wylio osgo'r llwythwr yn y weithred o godi'r pâr arferol o'r lorri i'r stand cyn cael cipolwg iawn arnyn nhw:

''Sdim fel 'se pwyse ynd'yn nhw, 'no.'

'Na, ma' fe'n 'u codi nhw'n rhwydd.'

'Wela i'm ticed goch, 'ta beth.'

''Sdim un i ga'l 'na 'fyd.'

'Ŷn ni'n gw'bod beth i' 'neud o hyn 'mla'n nawr'te, on'd ŷn ni.'

Roedd pwerau'r ffridj o dan y goeden ffawydd wedi concro haul y trofannau! Ond roedd blagardiaeth hwnnw ymhell bell o fod ar ben. Fel y daliai i orymestyn sban ei wyliau fe waethygodd ei ymddygiad hyd at fod yn annioddefol. Troes yn llymeitiwr diwaelod, un bŵs o rialtwch diog oedd pob diwrnod iddo: meddwi'n gorlac ar ddŵr! Ei dafarn beunydd beunos oedd afon Onwy. Lledorweddai ar draws bar ei glannau yn llawcio peintiau, cwartiau, galwyni ohoni: yr alcaholig dŵr yn dwli ar ei ddiod. Sylweddolwyd yn glou fod y seler ar weun Blaeneinion yn gwacáu at sychder. Afon gerrig oedd Onwy bellach a thafod y gorchfygwr wedi llyfu'r gwlybaniaeth oddi arnyn nhw a'u gado'n wynllwyd ar eu gwely; cuddiai ambell gwpan o bwll hwnt ac yma ar hyd-ddo, a mwydyn o ddŵr yn dal i geisio ymruglo ohonyn nhw rhag y gwres. A thir ei thorlennydd, roedd hwnnw'n llyfedu—y brwyn yn llipa, bysedd y cŵn yn dafodlaes ac ambell wenynen wedi trengi'n ffosil o'u mewn: y Banc fel tywod-fryniau'n siglo yn y poethder heb rithlun o werddon yn glasu llathen, a'r gwartheg yn chwilota'r pyllau gwniadur ymysg y graean.

Amser cario dŵr! Ac yn y rheidrwydd hwn roedd bendith o'n tu: tarddai ffynnon y ffynhonnau yn nyfnderoedd gweun wair Esger Onwy Fawr, a chyrchai dan lathenni o ddryswch i dorri'n bistyll fel coes tarw o frig y clawdd i afon Onwy. Roedd ganddi gronfa ddihysbydd i lawr rywle tua bôn y Banc, a chwarddai'n barhaus o'r cawnbridd yn wyneb yr anrheithio mwya trachwantus, gloywder braisg ein hachubiaeth. A chanolddydd y brwyn yn ffwrneisio o'n deutu, gwledd i'r pum synnwyr oedd tasgiad y rhaeadr o'r drysni, ei haelfrydedd yn claearu'r clai, cofleidio'r cerrig ac aileni Onwy i garlamu'n ddi-dranc eto hyd y rhewyn tua phompren Ddolwilym. Ac o'r fendithfa hon y bu'n rhaid tragwyddol gario dŵr bob bore a nos am dros fis a hanner mewn llinyn gyfnewidfa o fwcedi dros wely llwch i lenwi, ail-lenwi, gorlenwi rheng o gafnau a thwbeau gwartheg ar odre ffin yr anialwch. Ymlwybrai'r rheini o ben pella'r Weun i'r gilfach ger y drain ar eu hawr hunanbenodedig â chysondeb cloc, ac weithiau byddai un ohonyn nhw'n cynffonni dan fflangell Robin am dracht a lliniaredd draenen ymhell cyn munud swyddogol y gyr. Yn ôl pob tystiolaeth, y cowboi bach anwel hwn oedd yr unig adyn byw a grwydrai'r peithdir y prynhawniau hynny fel 'tai rhyw gytundeb diafolaidd rhyngddo a'r herwr uwchben. Ond fynycha, ymgasglent ar gwr y cafnau'n un ciw pendympiol efo'i gilydd, y wlad o'u hamgylch fel y Sahara, yr afon yn wadi, a dim ond un cyrchfan dorri syched ar ôl yn yr holl grindir. A'r yfed, roedd hwnnw'n ddiarhebol: y gweflau'n gorfoleddu yn nefoedd y dŵr, y drachtio'n diasbedain drwy'r tyndra, un fuwch yn ysu cafan cyfan o flaen ein llygaid fel 'tai'n wydryn o bop, ac un arall tu ôl iddi yn dyheu am ei thro lawn mor ddifaol. Ac felly ymlaen: gyda throad pob diwalledig i ffwrdd o'i thwba o hyd, roedd ei holynydd yn blysu'n llewes i ymosod arno. A'r gyr oll wedi'u claearu am y nos, doedd dim oeri i'r cyrchwyr lluddedig: rhaid oedd dirwyn oriau wedyn o fwcedi i'r gyrchfan ar gyfer ymosodiad cyffelyb fore drannoeth.

Ond un prynhawn ganol Medi roedd yr ymwelydd yn dadlennu arwydd neu ddau ei fod yn rhyw baratoi i ymadael, a hynny cyn i'r wennol freuddwydio am y fath beth hyd yn oed. Ond efallai nad oedd fawr o ddewis ganddo: ar ôl sychu adnoddau'r Banc roedd yn rheidrwydd arno gyrchu cyflenwad arall. Naill ai hynny neu roedd top Whilgarn wedi cael cymaint o lond bol ar ei ormeswr fel ei fod ar ryddhau un ymgyrch ola i adfeddiannu'i amgylchfyd. A'r tro hwn ni fabwysiadodd ei dacteg orffwyll arferol chwaith; na, y tro yma roedd ei strategaeth lawer yn fwy cynlluniedig a chyfrwysgall:

'Ma' naws glaw 'da'i, g'lei.'

'Ti'n meddwl?'

'Ma'r awel yn gweud 'nny, 'ta beth.'

'Ti'n iawn 'fyd. Ma'i'n drychyd yn go ddu draw 'na.'

'Ŷn ni'm 'di gweld 'na ys sbel, ŷn ni.'

'Na, ond ma'i'n neis i ga'l e nawr, sach 'nny.'

Ac oedd, roedd y Whilgarn ar fin cael yr afael drecha ar ei gorthrymydd o'r diwedd, ac ar ei erlid fel cornicyll mewn corwynt dros y gororau. Roedd y buchod yn synhwyro'r dieithrwch yn yr awyrgylch hefyd: codent eu pennau gan sniffio'r llwyd-ddüwch. Nid y buchod yn unig chwaith: roedd slyr ym mref y defaid; cyffro ar dafodau'r adar a threm lyfnach ar wynebau'r dail a'r blodau hyd yn oed. Pawb yn ymwybodol fod yr eiliad fawr ar fin agor. A dyna hi'n braidd-gyffwrdd dorri . . . swildod diferyn neu ddau yn rhagflas, ac yna'n clystyru'n firagl o gawod a honno'n cynyddu wreichioni'n fendith ar groen, pigau, llygaid, ffroenau, cefnau, dail a phetalau dros rychwant y Banc. A seiniodd gorfoledd y dathlu yn ei sgil: plwc newydd gan gnoad y gwartheg yn y glaswellt a thwincl yn canu ym mhob llygad amryliw. Roedd pobun a phopeth yn crïo chwerthin wrth weld y mwlsyn yn ei gwadnu hi a'i gwt i mewn draw rhwng ei goesau o flaen brodorion y Banc. A'r un oedd yn wylo'n fwya gorfoleddus ohonyn nhw i gyd oedd afon Onwy. Roedd honno'n ecstatig o gael ei gwely'n ôl eto i stretsho fel y dymunai ar hyd-ddo ymhobman. Ac roedd ein dwylo a'n breichiau, ein hysgwyddau a'n gewynnau ninnau'n brwd amenio'r holl ymfalchïo.

Tymor Terfyn

Prynhawn o lyfnder lês ddiwedd Medi; y prynhawn cyn mynd i'r coleg, prynhawn tynnu tato ar Fanc Ddolwilym. Rhugldrwst y peiriant yn gwasgaru'r rhychau a'r tato abal yn byrlymu i'r wyneb fel gwahaddod gwynion. Pawb wrthi ffŵl owt, â mwy na dwy law'r un, yn gwyro grafangu am y chwalfa i lenwi'r bwcedi. Gwefr oedd arllwys llond bwced yn blith draphlith o hyd i chwyddo lefel y sach. Hynny, a chlywed y pigwyr tato'n cyhyrog chwerthin yn yr haul a'r pridd. Drannoeth, a minnau yn y tŷ ar adael am Aberystwyth a'r galon yn llafurio rywle'n go agos tua'r esgidiau, wele Dan Ddolwilym a Brown a'r cart yn treiglo i'r clos.

'Ble ma' Donald 'ma?'

'Gwedwch 'tho fe'm ddod ma's 'ma i ga'l 'i weld e.'

Es allan â chwithdod. Synhwyro fod awra ffarwél yn yr achlysur; rhyw ymdeimlad fod y brodor ifanc ar fradwrus dorri cysylltiad â'r hynafgwr a chyntefigrwydd y bencydd, ar gyfnewid sialens yr hydre ar dop Cae Pwll am ryw hydre colegol ddigorwynt ddifarrug o estron. Ond er bod ias y gwahanu yn ei lais, ac er mor ddierth iddo fywyd fy nghyrchfan innau, ysgafn ddeilliodd ei gyngor ymadawol i mi ar sut i'w hwynebu a'i handlo o ddyfnder gwytna'i gynefin:

'Ti'n mynd nawr 'te.'

'Odw.'

'Hireth 'nat ti?'

'O's.'

'Cofia un peth 'te.'

'Ie?'

'Os gei di ffwdan 'da neb gwed 'tho fe bo' ti 'di trin 'i well e cyn brecwast!'

Ar hynny gwasgodd bapur chweugain crych i'm llaw, disymach droi a phwyllog arwain Brown a'r cart drwy iet y clos am Dalgarreg a'i bensiwn a'i faco wythnosol.

Ond ni bu'r toriad mor derfynol â hynny wedi'r cyfan. Bues gydag e droeon wedyn wrth ryw stres waith neu'i gilydd a'i wylio'n fanylach wrthi; a chyda mwy o edmygedd hefyd. Un tro'n gwyrdroi cwrs Onwy gyda'n gilydd er mwyn gwella cyfleustra yfed y gwartheg: ei weld yn hyrddio a hyrddio roden hir i waelodion trwchus y clawdd ffin gogyfer â'r afon yr ochr arall gyda thragwyddoldeb o amynedd.

'Mae e bownd o ddod cyn hir g'lei, bachan.'

Y berth yn gwrthsefyll y prociadau'n deidi am hydoedd, ac yna . . .
gwobr y torri trwodd: bwrlwm cochddu'n sipian i'r golwg, hwnnw'n
cryfhau'n ddrifil, hwnnw wedyn, gyda chymorth rhagor o wthiadau
ysbrydoledig bellach, yn chwyddo'n ffrwd i sgubo'r twmpathau pridd
o'r neilltu fel pe bai mewn gorawydd i gychwyn ar ei byr-lwybr-
newydd o ddecllath hyd y glwyd, cyn sleifio'n ôl tani i ailganlyn ei hen
dramwyfa. Oedi yn y fan honno wedyn . . . disgwyl iddi ymloywi: ein
dau mor synfyfyriol ddibris o amser â hithau a oedd yn gysurus fodlon
i gymryd drwy'r dydd, yn ôl pob golwg, o ailberffeithio'i sglein:
'Jaw', 'na hi bachan. Ma'i 'di dod. Ffit i unrhyw fuwch nawr.'
Dro arall, pan oedd yntau a Brown a'u hen raca crafu'n lân yn
digwydd rhannu Cae'r Ydlan ar ddydd o Fehefin â beler newydd Moi
Cwrt. Roedd y drindod wedi cael mantais o grafu tua chwarter cae o
ribynnau ynghyd cyn i'r peiriannau gyrraedd. Ond ni rusiodd dyfodiad
y moderneiddiwch lathen ar eu tempo: daliai Brown i fowio arni
gydag arddull yr oesau'n llyfn ddi-hid o rŵn a chlonc reolaidd yr

Cywain gwair yn Esger Onwy Fach.

93

ugeinfed ganrif ar ei sodlau. Dan yntau gyda'r un ystum ddigynnwrf ar ei orsedd haearn y tu ôl iddi, a'r hen raca hithau'r un â thempo'r gwair ar bob llaw. Ond gwyddai'r gaffer yn burion mai honno oedd act ola'r tri ar Gae'r Ydlan: roedd eu holynwyr cyflymach yno'n barod yn meddiannu'r llwyfan. Ac eto, ni allai'r gwerinwr ymatal rhag dehongli'r holl drasiedi fel comedi anochel, gydag un sylw chwareus o ddeifiol wrth basio ar grafiad y rhibyn diwetha i gyd, a'r tractor a'i feler bron iawn â'i oddiweddyd erbyn hyn, a'r cyrten yn cau:

'Ti'n gweld y mwfs nawr, bachan!'

Brynhawn o ha wedyn rown gydag e'n codi cartws newydd i'r gambo yng nghornel ucha Cae Cefen Tŷ. Digwyddai'r awyr grintach fod yn ots o hael ar y pryd, ac roedd y ddau adeiladydd yn teimlo effaith y caredigrwydd hwn ers meitin. Rown innau'r adeg honno, fel tipyn o fyfyriwr prifysgol, wedi dechrau ymhél â smocio pibell er mwyn bod yn ffasiwn y fath alwedigaeth fel 'tai:

'Bachan, ma'i'n 'neud llygadyn twym.'

'Odi ma'i.'

'Odi'r bib 'da ti heddi'?'

'Odi ma'i 'ma.'

'Baco 'da ti nawr 'te?'

'Nago's, dim nawr.'

'Dere i ti ga'l peth 'te.'

'Beth yw e, Dan?'

'Ringers, bachan!'

Cynildeb huawdl i damaid o hoe. Tynnodd focs gloyw gan ddefnydd o'i boced wasgod gan estyn pinsied o'i gynnwys brownddu i'r smociwr glas, ac arlwyo'i bib ei hunan dros ymyl y fowlen. Pwyso'n ôl wedyn ar fola'r clawdd ar osgo gŵr ar fin drifftio am ysbaid i'r baradwys ogoneddusa ohonyn nhw i gyd. Ymhen ennyd neu ddwy gwyddwn wrth fodlonrwydd pell ei lygaid ei fod wedi'i hen gludo yno ar adenydd y neithdar a sbeiralai o'i bibell hud. Wrth arwyddion y fath berlewyg tybiwn i sicrwydd fod gan y Ringers Al Shag 'ma ryw briodoleddau swyn na feddai'r Holland House melysfwyn yr arferwn i dynnu rywfaint arno. Gan hynny dyma gymryd anadl mor ddwfwn o'i darth ag y gwnawn â'r Holland House, ac ymsetlo yng nghesail y berth am gyfaredd y canlyniad. Amrantiad yn unig y bu honno cyn amlygu'i phresenoldeb, ac nid hebryngydd i'r un Nirfana mo'ni chwaith, ond i fangre gwbwl wrthgyferbyniol: gwelais dop Bryneinion yn siglo'n hagr ac yn ymbellhau'n ddychrynllyd o anffurfiol. Suddais yn ddyfnach i'r clawdd i geisio adfeddiannu gwelltyn o gydbwysedd, i ail-weld y Banc

eto'n gnwcyn o dir moel solet yn hytrach nag yn ddawns gyfoglyd o
niwl. Rhaid bod fy nghydsmociwr yn ymwybodol rywsut o'm picil,
hyd yn oed o ddyfnderau'i drans:

'Ti'n ca'l dy liwie'n ôl nawr, bachan?'

'Yffach, hwnna'n gryf, Dan!'

'Twff, 'dyw e'm hanner digon cryf 'di mynd.'

A'r diwrnod crafog hwnnw o Ionawr, yr awel yn siafo pigau'r drain
o begwn Esger Wen, a phawb a phopeth ar y Banc wedi ymorol am
ryw lun o gysgod, digwyddais sylwi o'r clos ar olygfa'n groes i'r weun
a barodd i mi rwbio fy llygaid ddwywaith rhag ofan bod y rhyndod
llwyd yn chwarae triciau arnyn nhw. Ond na wir, roen nhw wedi
crisialu'r darlun yn hollol ffyddlon y tro cynta er gwaetha'i
anhygoeledd. Ie, yno'r oedd e reit i wala: Dan bedwar ugen a deg, heb
sgrapyn o got fawr, yn gwasgar cwpwl o grugynnau dom ar ganol Cae
Coch a'r meinwynt yn sleisio'r Banc. Yno'n gwbwl ddi-sioe, mewn
cymaint o gytgord ag ysbryd ei gynefin fel nad oedd y rhynwynt a'i
hysglifiai'r diwrnod hwnnw mor enbydus wahanol â hynny i'r un arall
o elfennau'i natur gyfnewidiol.

Bu mor hir yng nghwmni'r ddaear nes aeddfedu ohono'n un â'i
hanfod: hen gynnyrch a thyfiannau'r pridd. Golygfa o gyfriniaeth oedd
honno pan ddewinai Dan y rheini, ar ford cegin Ddolwilym, yn hylif o
falm a gostrelai mewn hen boteli moddion at wynegon a chymalau
poenus ei gymdogion. A'r un modd, ymdeimlai i'r fath raddau â
bywyd mewnol yr elfennau nes ymrithio'n rhan ohonyn nhw hefyd.
Ar ambell brynhawn pan fyddai cymeriad o orllewinwynt yn treiglo'r
glaw ar draws y Banc, hoffai orwedd yn ei hyd ar y sgiw—cnwcyn o
dân coed yn diddosi'r gegin, a'r cadwynau mwg a fodrwyai o'i bibell
yn cydlaesu â swib y tonnau glawog a ddrifftiai yn erbyn cwareli'r
ffenest. Cymun rhwng dau ysbryd cynhenid o gytûn!

Ac ar wyliau gaea hyd yn oed roedd 'na ffynonellau o rin ar Fanc
Siôn Cwilt. Ar nosau o fflint aem draw dros y Bannau Duon i fwthyn
Llwyn Crwn at Elgan a Mari Elen i wylio teledu. Symudliw
adlewyrchai'r lluwch o fetal a ymwthiai allan i'r hewl o waelod y Banc,
y sêr yn coelcerthu uwchben, a'r rhynwynt yn gwreichioni'r myrdd o
dwmpathau eithin yn fflamau gwelwddu. Ond roedd cegin Llwyn Crwn
yn felyn gan drydan a'r grât yn sirioli'n barod gan dafodau a fyddai'n
parablu am y gweddill o'r noson. Elgan chwe throedfedd a thair yn
ymestyn o'r soffa fel craig o gyhyrau ar draws yr aelwyd, deubwll
brown o lygaid, breichiau o drwch coeden ifanc a chroeso'n pefrio o'i
ddannedd. Mari Elen mor ffraeth ewynnog â'i mab ar ganol y llawr,

rhadlonrwydd tywyll o wyneb a thyndra o frithwallt yn dirwyn i gnap o gocyn ar ei gwegil.

A'r Elgan hwn oedd cyfar-wyddwr y sioe, a chlampiad ei wefus ucha mewn partneriaeth ag ymwthiad o ên yn clensho'i eiriau:

'Dewch miwn, bois!'

'Don, dere i iste fan hyn!'

'Cymrwch stolion, bois!'

'Lwcus heno, reslo ar y bocs!'

'Fenyw, tro'r gole 'na off!'

Roedd y sinema'n agor: bylb y nenbren isel yn pylu, y sgrin yn lledu wenu yn y cornel gan foddi'r stafell â chlydwch gwelw, weiren o erial ar dop y simdde yn bachu'r haig o ddelweddau dierth a nofiai drwy nos y Banc, ei

Elgan Llwyn Crwn.

dalfa'n syfrdanu brawdoliaeth o lygaid, ac arbenigedd y cyfarwyddwr bob hyn a hyn yn clepio'n ddifyrrwch o sylwadau swta gyda chymorth clawr bara o law:

'Licet ti g'al nosweth 'da honna, Don?'

'By'n dawel, y cwaba!'

''Wy'n gweud y gwir, fenyw!'

'Drychwch ar 'i thethe'i, bois!'

'Drychwch a' bola hwnco 'te! Ddyle rh'wun fel 'na'm ca'l bod 'bytu'r lle!'

'Sdim byd 'n'do fe, bois. Un yn 'i gyts e'n ddigon!'

''Na fe, wedes i. Ma' fe lawr yn barod!'

A doedd y sinema hon byth yn cau tan i ddiwedd eitha y darlun ola posib blymio'r sgrin yn wacter o ronynnau: y cyfarwyddwr yn creigiog godi i fotwm-dynnu llen ar ei thraws, a meistres y golau'n dallu pawb ag ail ruth o drydan. Adeg cwpaned o de: nid toriad bondigrybwyll yng nghalon blas y sioe oedd yr orig i hyn ym mhaladiwm Llwyn Crwn: dier annwyl, ni fyddai'r cyfarwyddwr yn breuddwydio eiliedyn am ganiatáu'r fath eithafion o philistiaeth. Ond bellach gofalwraig y snac oedd wrth y llyw: mygiau tanllyd o de'n dirwyn o gyfeiriad y stôf, cwlffyn o gacen gyrens i bawb ar y ford, a thestun llawer mwy realistig o agos na lledrith y sgrin yn ysbrydoliaeth i ffraethineb y cyfarwyddwr:

'Bytwch, bois, ma'i'n ddigon ô'r heno i rewi ceille dyn!'

Ac allan i'r artaith hwnnw y troem: amlinell y cyfarwyddwr yn cawrio rhyngom a goleuni'r drws—'dewch nos fory 'to, bois'—yr awel yn snapio'n arianllwyd dros orest Crug Cou a the Mari Elen yn darian rhyngom a'i phinsiadau.

A'r gwyliau ha, dyna pryd y crynhoai'r adar i gyd ar nosau sgwâr Rhydeinion i ymestyn yr haul i'w gochder pella, a'i chwerthin wedyn dros der-fynau Cei Bach i'r nos: Ianto a minnau, Dewi, Gwilym ac Alun o'r ddwy Esger Onwy ar bwys; Alfor o bant Speit; Handel o waelodion Bryneinion, ac Eirig o bellterau'r Mownt. At hwn y tynnem â hoen yn ein hesgyll tua'r amser roedd Morgan Pencwm yn pwffian trwyddo ar ei Ffyrgi fach ar ei ymweliad noson â Morgan a Leisa yn senedd-dy y Sarne. Roedd y ddefod honno fel pe bai'n agor yr hwyrnos i'w oludedd: bytholrwydd o ryddid i ymddigrifo mewn noson o ha ddigwmpâr ar ddwybig y Banc tan y clywem dractor Morgan,

Mari Elen a'i gŵr.

oesau'n ddiweddarach, yn stacato arni i fyny heibio iet Fron ar ei ffordd adre o'r trafodaethau: y tro hwn roedd yn tynnu gorchudd o wyll ar ei hôl i ddwyn y cyfnos i ben.

Ond er mor berffaith tymer y fath hwyrnosau doedd dim disgwyl iddyn nhw fodloni ysbryd yr adar yn ddi-dor. Crefai ysbryd y rheini gyrchfannau eraill i'w stimiwleiddio weithiau. Ac un ohonyn nhw oedd cronfa Nant Meddal—hen dwmpath eithinog o sistern y tu fewn i rwd o reilins ar fin y ffordd rhwng pentre Pen Cae a chrib y Banc. Roem bron â bwrw bogail am gipolwg ar ddirgelwch ei pherfeddion: dyhead a grewyd gan y si fod y gawres hon yn cael ei gado'n wag o ddŵr ar rai adegau. Felly, dyma weithredu ymweliad ryw noson i weld a oedd yn digwydd bod yn un o'i chyfnodau hesb. Dynesu ati ar hyd yr hewl gyda chymysgedd o echrys a brafado: llechwraidd agor ei

97

chlawr gan ddisgwyl gweld dyfnder o lygad yn delwi i fyny aton ni. Ond na wir, roedd ffawd o'n tu: dim ond gwacter a blymiai'n annelwig i bob cyfeiriad. Hyn yn ein hyderu i ddisgyn yr ysgol gramennog obry at y llawr. Yn y golau a bistyllai drwy'r drws trap ymwthiai'r muriau'n sgleiniog o'r myllni, sawr lleithder yn cyhwfan drosti fel ystlumod anwel, a phyllau o ddŵr yn stelcian hwnt ac yma hyd ei gwaelod. Roem mewn ogo a'i cheg yn ddot o olau i fyny yn y pellafion. Dychmygu dal lluniau ceirw a theirw'n llamu atom o fwrllwch y muriau, a stalactidau'n picellu o ddiferion y to. Ein lleisiau'n ego'n herfeiddiol o fewn y ceudwll, ond eto i gyd sibrydiad o ddychryn yn dirgrynu rywle rhwng stumog a pherfedd: rhuthr afon yn aildywallt rhwng llawr a tho o galon y wal a chlawr y ddihangfa ar frig yr ysgol yn cau'n lletchwith o ran ei hunan. Mewn gwirionedd, doedd fawr o neb yn teimlo'n gwbwl gysurus nes esgyn o'r siamber, ailgau'r top ac anadlu'r goleuni o'r newydd.

Bryd arall awn ar fy mhen fy hun i Gwm Moelifor: pantle lle'r oedd pob planhigyn, blodyn, glöyn, creadur yn dathlu rhwng y dail ac ar lan yr afon ar hwyr o Orffennaf. Hanner y ffordd i lawr y llether ymledaenai cadair freichiau o dderwen a chlustog o fwswm drosti. Ar hon y lledorweddwn: ymdoddi'n rhan o lonyddwch y caleidosgop a hymiai-bynciai-sgleiniai-ddawnsiai-lithrai o'm cwmpas ar bob ongol. Crynai'r gwybed a'r gloÿnnod ar hyd eu sgêl gan greu pensyfrdan o fiwsig, a

Morgan a Leisa Sarne'n mynd â'r fuwch i gael tarw.

mud glochdarai miloedd o geiliogod coch dros lawr yr allt. Ac unwaith, llwybreiddiodd dau fochyn daear dan fy stôl: fferru ar wresogrwydd y sedd fel y siffrydai'r gewynnau brith islaw mor agos agos i'm sodlau. Ie, llannerch i fasweddu'r synhwyrau oedd godre Moelifor ar gyfnos o ha.

Dro arall wedyn, cyrchem o'r sgwâr am adloniant o natur llawer mwy cyfoes. Dyna'r nosau yr ymwasgem oll i fan Ford Vic Caerwenlli neu fan mini Dai Cefengrugos Fach i'n cludo lawr i Gei Newydd. Yno, rhwng Craig yr Adar a Chnwc-y-Glap roedd y tymor gwyliau ar ei anterth yn haul halennog ddiwedd dydd, ac yn y dwsinau o ferched hafaidd a hamddenai ag osgo nymffod yn ôl ac ymlaen ar hyd y prom ac o gwmpas Cliff-side. Pwyso ar y wal o flaen y *milk-bar* yn rheng o Frylcreem, i wylio'r *glamour* yn duwiesu heibio. Pwyso tan i'r neon ddisodli'r machlud, ac ymhyfrydu yn yr oriau bonws ar gongol Blue Bell, y tu allan i'r Wellington ac wrth fyrddau'r *milk-bar* tan roedd hi bron â bod yn awr eto, fwy neu lai, i'r haul ailafael yn ei ddyletswydd felen o Gei Bach i Draeth Gwyn i ferwi crochan arall o ddiwrnod gwyliau.

Yn ystod yr hydre fe'n meddiennid â'r ysbryd hela a gyfarthai ac a garlamai'n utgorniog o reolaidd drwy'r fro. Ond ein merlen ni ar y cwrs oedd pic-yp Cowan Blaëncwm Pridd: heliwr bach gwineulwyd wargam fwstashen gringoch o liw cefen llwynog yn gymysg â rhedyn yr hydre, ac ysbryd y trywydd ym mhob osgo chwimwth o'i eiddo. Roedd ei beiriant ac yntau'n ymgorfforiad o'r helfa, wastad yn rhan o'r pac a'r ceffylau, ac os digwyddai'r bedair olwyn fethu ag ymgadw gyda'r pawennau, y clustiau a'r carnau dros glawdd neu gamfa ar uniongyrchedd y rhuthr, ysbrydoledig fyddai'r sbarduno ar y gaseg werdd i ailymdoddi â'i chymrodyr coll. Dibris y syched am yr aduniad hwnnw, y marchog ynghyd â'i bic-yp yn ysol unfryd ar y cwest, a ninnau'n cyrcydu sgrialu draws ac ar hyd ei chefen bob llam a thwist ohono: corwynto drwy fylchau agored, sgio dros lethrau cawn, ffrwydro drwy ryd a nant, twrio drwy lonydd o fwd—tan i sgap o dremyn drachefn, drwy ddellt llwyni neu ar draws hytir eithin, ar helgwn gwynion a chotiau coch ddiwallu'r dyhead ac ailgynnau adlais o gyd-rythm rhwng y gwahanedig.

Ac un prynhawn Sadwrn, a chadno nodedig o sgilgar yn estyn cyneddfau dyn, ci a phic-yp i'r terfyn o gilfach-i-drumell-i-loches ar draws y Banc, taranodd y pic-yp i ailgymundeb pellennig â'i chymheiriaid, wedi mwy nag arfer o alltudiaeth y diwrnod heriol hwnnw, ar dop Gellie rhwng Plwmp a Synod Inn. Prin lwydni min nos dros yr ardal, a'r pac cyfan yn powlio grochganu i lawr dros y llether gyferbyn ryw ugeinllath ar ôl sgubell o lwynog. Roedd Cowan wedi rhagori ar ei fanwfers mwya awenus y tro hwn, wedi taro ar y safle breinola un i wledda ar ei arwyr, yn eu holl urddas, yn cyflawni'u gorchest ddewra erioed: penigamp o arena, llwynog diffygiol yr olwg yn crafu i ben ei chlawdd, ton o fytheiaid yn dringo dros ei gilydd amdano o'i fôn, milltir las o gae'n ymledu i bellter nudden yr ochor arall. Blith-drafflith ddisgynnodd y prae a'r erlidwyr ar ymylon hwnnw bron yr un eiliad, ac yna'r wyrth fwya unigryw i felltennu ar glapiad llygad pawb ohonon ni: sbrint gochlaes yn agor-ddifa aceri o wyrdd rhyngddo a'r erlidwyr ac yn ymsuddo i freichiau'r nos. Roedd hyd yn oed yr arch-heliwr ei hunan yn gegrwth gan edmygedd.

Ond er y gurfa o gywilyddiad daliai rhyw nodyn o ddygnwch o hyd yn udlef y cŵn. Ac er bod y gwyll yn noddfa o sen i'w hysglyfaeth ni allai ddileu smotyn o'i arogl o'r borfa rhag y ffroenau dirwyngar; parhâi hwnnw i losgi'n ddisglair dros gyrion pella'r cae i'r dwnshwn dano. Gan fod Cowan yn gweithredu ar yr un donfedd â'i helgwn ar achlysuron fel hyn, ailgynheuodd y goleuni hwn fagïen o drac yn ei galon yntau hefyd. Dyma naid i gyfrwy'r pic-yp, ninnau ar sgrambl i'r cefen, trawswib o'r pentir gan switsho'r golau i frathu'r llwydlen o law mân a wlanai ar draws y llwyfandir erbyn hyn. Chwyrnellu'n ddyfnach . . . ddyfnach drwy'r cyll a'r bedw am fogail y pant, ac wrth swerfio rownd i glwmp o eithinen dyma ddal delfryd o olygfa drwy'r goleudarth: sgarmes o feirch, dynion a chŵn yn stabaldeinian wrth fôn draenen, nifer ohonyn nhw'n ymgiprys dwrio—rhaw ynghyd â phawen —am berfedd y warin. Angerdd digymar yr act ola; unigryw o gyfle i athrylith Cowan gyd-ddisgleirio â gwrhydri'i eilunod: gyrrodd y pic-yp at fodfeddi min y dalffen fel bo'i goleuadau'n trywanu'n syth i grombil y ffau. Gweld y pridd yn ymdorchi'n stecs dan ewinedd a metal a'r cŵn yn ymdrybaeddu'n ellyllon yn y pwdel:

'Ŷn ni jyst â'i ga'l e!'
'Unrhyw funud nawr, bois.'
''Co fe 'te!'
'Ma' fe 'da ni, bois!'

Ac yng ngwaniad y sbotleit roedd 'na gorffilyn gorfyw'n ymnyddu'n un â'r cynnwrf pridd a'r helgwn yn ymfflangellu ar ei draws:

'Ma' fe 'te!'

Ond wrth i'r cyhoeddwr blygu mewn rhagwth o fuddugoliaeth i gydio yng nghoesau ôl y gwinglyd dan ein trwynau i'w daflu i ddannedd y cŵn, wele ail wyrth y noson a golygfa ola un marathon o ddiwrnod yn cynnau'r llaid: fflach o eiriasedd yn stribedu rhwng coesau, dawnsio dros gefnau, rocedu i'r glaw. A'r anticleimacs yng ngoleuni didrugaredd y pic-yp: un olwyn o fytheiaid yn dolefain mewn chwyrnell o benbleth, delwau o helwyr wedi'u fferru gan anghred-iniaeth, a gair terfynol y nos yn suo-ddiferu rywle o waelodion y cwm.

Wedyn fyth ar ambell nos Sadwrn o aea, roedd tafarndy Cross Inn yn atyniad ffrwythlon inni. Yno'r ymgasglai gwerinwyr o ruddin, y to ola o hen deip yr ardal. Rhagorfraint oedd gwylio a gwrando'r rhain yn mynd drwy'u pethe. Wrth agor drws y byr-gyntedd hamddenai'r awyrgylch i gwrdd â ni: llacrwydd aeddfed o naws, goleuni tymherus, drifft pwyllog mwg tybaco. Ac yna gwerineiddiwch y setin ei hunan: Sarjant Williams, tu ôl i'r bar, yn gwyro'n llydan dadol dros y pwmpiau; ar y sgiw gyferbyn, wrth y ffenest, Twm Smith gefnsyth a'i lygaid synfawr wedi'u hoelio ar bob gair a eneiniai allan o enau'r eilun dafarnwr; Twm Jac lygadog yn ei ymyl gyda pheint mor ddu â breci wrth ei benelin; Bwtsher Blaendelyn dafod gynnil o hiwmor ar ei bwys; Wil Newt lygatlas-fflapiog, yn sefyll ar ochor dde'r bar, gyda phwmpen o law drwy ddolen ei beint a'i dafod yn gwibio ewyn y dracht ddiwetha o'i wefusau; Dai Ffald writgoch losgdrem, ar stôl goeshir ar yr ochor arall, gwydyr chwisgi mewn un dwrn a chetyn fflamboeth yn y llall. Yn fynych, roedd 'na ryw sesiwn dynnu coes neu'i gilydd mewn grym, gyda'r Sarjant yn llywyddu fegino'r broses, rhwng Twm Jac a Wil Newt, y cynta'n weithiwr ffordd a'r ail yn rhywfaint o was ar ffarm Rhyd-dalen gerllaw:

' O fel'na ma'i, ife William Newton?'

'Ie, . . . y fel'nny o'n nhw'n gwmws 'no,' (gyda'r 'y' wichlyd yn dragio drwy'r llais).

'Yn Cwm Pantmelyn wedyn 'te?'

'Ie, . . . y pwyso ar 'u blydi rhofie . . . y yn Cwm Pantmelyn.'

(Twm Jac yn bwledu ymateb.)

'Dim 'run peth â gwas Rhyd-dalen 'no.'

'Beth ma' hwnnw 'di 'neud 'te?'

''Wy'n cl'wed fod e'n cysgu'n y storws bob prynhawn, Sarjant, a'r cŵn yn llyo'i wyneb e'n swît 'fyd.'

'Twm Jac yn mynd 'bach ymhell nawr, William.'

'. . . y, gadewch e fod . . . y . . .'

'Shwt ma'r pethe hyn yn digwydd 'te, Twm?'

''Di bod ar y bŵs fan hyn trw' awr gin'o on'tefe.'

'O ife.'

'Ie, a ffeilu reido'i feic 'nôl 'fyd glywes i.'

'. . . y, dim blydi ffier!'

'Ma' fe reit enyff i chi. Ma' fe'n y clais hanner 'i amser.'

'Ie, . . . y o'dd neb 'di bod yn cleis'o 'na 'soeso 'no, . . . y, nago'dd . . . y wy'n blydi siŵr o'nny.'

Ac felly, o ddigrifwch bigitian i whit hala mochyn i chwerthin i hanesyn gwlithog rhwng peintiau o ffroth, chwisgi o des a chudynnau mwg nofiai nos Sadwrn arall o aea i gyfeiriad stop-tap anhygoel o fuan, a'r tymor yn bwrw rhagddo.

Roedd cyffro yng nghodau'r egin a'r ŵyn yn mabolgampio dros y Banc ar nos Lun y Pasg 1960, noson a ffarweliai â'r gaea ac yn cynnal seremoni i gyflwyno'r gwanwyn i'r rhostiroedd. Ac yn un â'r afiaith 'ma i gyd roedd Dannie Ddolwilym yn motor-beicio o Dafarn Bach am bentre Gorsgoch. Ond mewn amrant troes erwau'r hoen yn llinyn heol o ddychryn: sbardun y motor-beic yn gwrthod cau a'r peiriant arferol o hywedd yn nadu fel bwystfil am drofa Penlôn ar derfyn y gwastad. Yno rhychiodd i'r berth gan hyrddio'i farchog yn uchel dros ei gyrn i ddisgyn ag ergyd hollti penglog ar y tarmacadam. Angau ciaidd lle bu gorfoledd adar foment ynghynt.

Golygfa noeth o artaith oedd aelwyd Ddolwilym y noson honno, yn fuan ar ôl i'r diwedd byd o newydd ei chyrraedd: May ar y soffa yn griddfan torcalon mam i hances liw eira; Dan ar y sgiw gyferbyn a'i wyneb mewn camrig arall; Mam a minnau'n syfrdan ddrylliedig ar y ffwrwm wrth y ford; golau'r lamp babwr yn gwelwi'r gegin, yn sombreiddio'r cysgodion yng nghornel y seld a drws y grisiau, ac ambell ddiferyn o'r gawod a ddagreuai'n ysgafn dros y Banc yn plwm ddisgyn drwy'r simdde lwfer gan hollti'r tawelwch ag ochenaid hisiol yn y tân.

Dawnsiai haul llencynnaidd y gwanwyn ar bren gwyn yr arch, yr hen rieni ac un ar ddeg o frodyr a chwiorydd a ddirwynai i lawr dros weun Ddolwilym am bantle Onwy brynhawn yr angladd. Golygfa nad yw dyn yn debyg o anghofio'r un ystum na drychfeddwl ohoni byth: ymdeimlo ag anwes yr heulwen ar fy nghern chwith a chlasb y coffin solet yn prysur wynnu fy nwrn 'run pryd; gweundir ein bachgendod yn pefrio'n wewyr o ddireidi ar bob llaw: dau gythraul yn llosgi stacan unwaith ar fanc Pantrasol; dau werthwr popis uchelgeisiol yn gwacáu eu bocs ym môn clawdd banc Esger Onwy; dau doreador yn herio pen haearn hwrdd swci Ffosdeule ar yr union ymgyrch honno. Cyrraedd yr afon: fy nwrn yn belen o wynrew, ac wrth fracso drwy'r dŵr, tra camai cludwyr y llaw dde ar y llechen las, berwai'r rhaeadr isel gerllaw drwy'r clyw, ac ar gil y llygad roedd y garreg y disgynnai drosti mor llithrig loywddu ag ar y prynhawn diferol hwnnw y buom yn sugno'i rhyferthwy drwy bobi welltyn. Dringo o'r afon: methu â theimlo na dwrn, penelin na braich, ond rhyw gnotyn o boen fferllyd yn cynnau rywle rhwng y ddwy ysgwydd. Erbyn hyn doedd yr heulwen dosturiol ddim yn bwrw gwres; mater o wrthod ildio oedd hi bellach, mater o reddfu ymlaen at sglein yr hers fry ar glos Esger Onwy Fawr.

Ond cribell o ffantasi gyntefig oedd y Banc o hyd, a'r un a ddaliai i gynrychioli hynny rymusa oedd Dai Ffos-y-Gïach: piler sgwâr o gorffolaeth, pâr o ddwylo fel cast, wyneb rhwth, llygaid tywyll yn nythu dan fargod o dalcen, hirwallt dreiniog a stwbwrngi o feic. Drwy nerth sgidiau hoelion ar ddau bedal styfnig yr ymlusgai i bobman: grwgnach tshaen ddi-oel wastad yn cyflwyno'i ddynesiad o bell cyn i'r ffagal eithin o feiciwr ddadlennu'i hunan fel heddiw a fory ar drofa neu drwy berth o goed. Yn amal, llafuriai arni ar ochor dde'r hewl, ac yna disyfyd groesi'n bwyllog i'r ochor chwith fel 'tai'r ugeinfed ganrif a'i rheolau newydd wawrio ennyd o rywle ar ei feddwl cynoesol. Ac wedyn, ymhen rhyw hanner milltir o gyfreithiol igam-ogamu yn ôl trefn y byd cyfoes, yn ddisymwth fe ddenai'r cynfyd ei fab yn ôl i'w fynwes: ar ei alwad ailgroesai'n raddol onglog i dragwyddol heol ei enedigaeth fraint: darn o'r cynamserau ar fythol gyfeiliorn ar hyd priffyrdd y chwedegau.

Ar ambell nawn Sul o ha landiai'n glwriwns ar sgwâr Synod Inn i lygadu'r traffig a'i bwriai hi fesul eiliad am draeth Cei Newydd. Yno yn y gwres, â'i feic yn slachtar ar sgiw ar y glaswellt gerllaw, rhythai o'r pafin tarmacadam, o flaen y gysgodfa, ar y llif moduron yn ddelw gyhyrog o grys gwlanen, trowser rib o faintioli hwyl, legins a'r sgidiau hoelion hollbresennol. Ac os oedd cyrchwyr dirifedi'r glannau'n rhyfeddod llythrennol o ddiderfyn iddo fe, roedd yntau hefyd yn wrthrych o bensyfrdandod iddyn nhw: un o breswylwyr cynhanes wedi bwnglera ddychwelyd rywfodd neu'i gilydd i ganol sgwâr chwilboeth o drafnidiaeth ar frig y tymor gwyliau.

Ond, wrth gwrs, yn encilion y grug a'r drain y gwelid Dai yn ei lawn feillion: yno y câi gwraidd ei gyneddfau'u cyffwrdd o ddifri; yno y gwlithai ar ei gyfansoddiad garw ryw eneiniad rhyfedd a'i hysbrydolai i ymdoddi'n rhan o'i amgylchedd. Oedai, o bryd i'w gilydd, ar y Bannau Duon mor unfan wrychiog ag un o lwyni drain y noethdir. Ei drem curyll wrth ddal cysgod o gefen sgwarnog draw yn y ffeg wrth grafu-feicio heibio wedi'i ysu i frig y clawdd: y sgwyddau'n ymhyfrydu 'mlaen, y ddwyfraich yn ymwthio allan dri chwarter ymhleth, a'r llygaid yn cynnau ar y wegil hirglust ryw ganllath i ffwrdd.

Ac roedd cwningod yn troelli calon Dai i'r nawfed ne ac yn

Dai Ffos-y-Gïach.

awenyddu'i lais i ryw wych o soniaredd nid annhebyg i lef tenor yn cyhwfan ar nodyn gorfoleddus. Datseiniai'r ecstasi yma weithiau o ddyfnder perth ddrain tua chyffiniau Groesffordd Mownt pan synhwyrai fod ei ffured wen, a barnu wrth y cynnwrf o'r warin, ar fin cyflwyno i'w gôl y lefren fach berta mas. Ac ar drywydd yr orchest honno roedd y mistir y nawn Sul delfrydol hwnnw tua chanol y chwedegau â phump o ddisgyblion y Banc yn eu helfen wrth ei draed hoelfawr. Roedd newydd daro ar y lefel odidoca yn y byd—lefel a garlamai o un cae i'r llall dan wyneb y ffordd fawr—y ffured newydd gripian ddiflannu i'r tywyllwch perl, y prentisiaid yn cyrcydu wylio ar un ochor o'r clawdd a'r arbenigwr ei hunan yr ochor arall lle'r oedd y golud fwya tebygol o follio yn ôl ei awdurdod e. A'r gelfyddyd yn nesáu at binacl o berlewyg, digwyddodd un ohonon ni godi'i ben o ddwysedd y canolbwyntio i gael sicrhad o gipolwg fel 'tai ar y wlad gylchynnol—hen reddf y potsier mewn gweithred—a dyma olygfa o ryndod yn parlysu'r awen: dri lled cae i ffwrdd wele berchennog y tir yn llydan-gamu i gyfeiriad yr herwyr a'i holl osgo'n amlwg gyhoeddi'i fwriad o draw:

104

'Hei! Dai, ma' fe'n dod!'

'Lle ma' fe?' (Mor isel ag y gallai llais clochaidd Dai ostwng fyth.)

'Fan draw, tu ôl' ti, 'chan!'

'Lle ma'n fferet i, bois?'

'Yn twll r'wle!'

'Triwch ga'l hi mas 'te'r jawled!'

'Odi ddi'n dod wrth'i henw, Dai?'

'Paid blydi jocan, 'wy ise'r fferet!'

'Ma' hi, Dai, 'di cha'l 'i.'

Llaw Eurig Mownt yn cau am ei gwar, a bron cyn iddo orffen cyhoeddi'r darganfyddiad dyma'r ffured wen yn magu ffling o adenydd ac yn crafangu gwagle fel gwiwer uwchben y ffordd yn groes tua'i pherchennog, a oedd erbyn hyn ar dop ei lais ynglŷn â diogelwch yr hyn a esgyllai i'w gyfeiriad:

'Paid lladd y'n fferet i bachan jawl!'

Honno'n landio-ymdaenu oddeutu'i sgidiau, a'r eiliad nesa'n diflannu i ogo-boced ei got fawr:

'Dewch â'r rhwydi, bois!'

Mewn winciad roedd Dai a'i feic yn pellhau'n siarpach o'r llecyn nag y'u gwelwyd yn symud nemor erioed, y tshaen yn ochneidio'i phrotest mewn stad o siòc, y ffured yn ymruglo yn nyfnder ei boced, y ddwy handl a'r bar yn gwlwm o rwydi, a'i gydffuredwyr yn ei gwân hi draws gwlad yn nrifft bloeddiadau un dicllonedd o berchen tir, heb ddim ar ôl namyn deudwll o bridd heb gymaint â phegyn o dystiolaeth yn unlle ar eu cyfyl.

Roedd gan Dai lygad artistig at odidowgrwydd gwartheg hefyd. Pan borai'r Blue Albion yng Nghae'r Ydlan llwyddent i ddenu Dai oddi ar ei feic mor ddi-feth i'r un ystum o synfyfyr ar ben y clawdd ag y gwnâi sgwarnogod sgleinlwyd y Bannau Duon. Os rhywbeth roedd 'na ddeimensiwn dyfnach i drans y llygaid os digwyddai un ohonyn nhw fod yn drwm o lo ar y pryd. Yr adeg honno, rhyw artist cyntefig oedd mewn defod o lesmair yn ymuniaethu â'r llunieidd-dra yn y groth ac yn ewyllysio ffrwythlondeb yr esgor. Unwaith yn ystod un o'r sesiynau hyn ar dop Cae'r Ydlan digwyddwn fod yn dyst i drafodaeth unigryw o warthegol rhwng Mam ac yntau. Amser y gyfeb las yn tanio deialog o farddoniaeth, a goslef uchelbwt Dai'n llafarganu'r delweddau:

'Anner llo cynta bert ofnadw.'

'Odi ma'i. Ma'i'n amser 'ddi 'fyd.'

'Fydd hi'm yn hir cyn gostwng nawr.'

'Ddyle'i dowlu llo cryf.'

'Pwy darw ga'th hi?'

'Hereford.'

'O dyle! Ma' 'da'i asgwrn siapus.'

'O's, reit drosti, on' o's e.'

'O o's, rhedeg yn berffeth. Fel megin!'

'Ma' lliw bonedd 'da'i 'fyd.'

'O's, fan 'na'n y gole.'

'O'dd 'i mam yn llaethog.'

'Fydd hon yn ffynnon la'th 'fyd.'

'Siŵr o fod.'

'O bydd! 'Drychwch ar y wythïen. Lan fel tiwben!'

Ac yn wir, ymhyfrydai gymaint yn ei bwnc fel y cadwai ychydig fuchod ac eidionnau'i hunan ar ysgwydd esgyrnog Ffos-y-Gïach. Golygai'r llafur cariad hwn ei fod yn prynu a gwerthu dipyn o fewn ei filltir sgwâr ac yn porthmona'i fargeinion am adre hyd gefnffyrdd y Banc. Un hwyr heuldrwm digwyddai nifer ohonom fod yn rhyw swmran cysgu ar glawdd y Groesffordd, a'r sgwâr yn boethder o lonyddwch. A'r cyfryw awyrgylch ar ei gorthryma, dyma bendramwnwgl o ruthrwynt yn sgrytian i'r golwg rownd y tro hanner canllath oddi wrthon ni: anner wallgo'n dragio ac yn codi Dai wrth bishyn o raff ar hyd yr holl hewl; fersiwn o ryw fath o rodeo neu'i gilydd yn ôl pob golwg: y cowboi yn ei fest, y trowser rib yn uchel tua'r ceseiliau a'r gwallt yn adlewyrch ffluwch o wres yr ymgodymu. Wrth ddynesu, fel 'tai'n benderfynol o arlwyo'r sioe gynddeirioca posib i'w gwylwyr, dringodd yr anner i binaclau'i pherfformiad: cyflymodd, camprodd gan daflu'i phen yn ôl i'r haul mewn cyfres o sbonciau y byddai unrhyw nwydwyllt o fronc yn falch ohonyn nhw; erbyn hyn roedd yn llusgo'i glynwr yn llinyn gyda'r clais a hwnnw'n bachu wrthi fel gele, stampîd o ddau'n aredig heibio—Dai'n plannu'r brecs ar waith i droi'r rhyferthwy ar y sgwâr i gyfeiriad y ransh, gwreichion yn seiffoni o'i sgidiau ar gerrig bôn clawdd, gwich o 'shwmai' wrth dyrchu heibio, y pâr yn ratlan o'r golwg ar y gongol nesa, a distawrwydd twym yn aillenwi'r awyr oedd newydd ei rhwygo gan y fellten ryfedda. erioed. Doedd hyn i gyd wrth gwrs yn ddim ond gwewyr anhepgor y creu: yr artist yn croesawu'r pangau enbyta er mwyn orig ddiamser y noson honno o bensyn wledda ar ei greadigaeth ddiweddara fry ar roswellt Ffos-y-Gïach, cleisiau'r ffrwgwd yn ango a'r cyfanwaith yn ysblennydd ymagor o'i flaen yng ngoleuni'r hwyr.

Ie, breuddwydiwr cynoesol ail ran yr ugeinfed ganrif, a hithau ddim o'r natur i feithrin y fath oroesiad. Ac ar gyfnos o ha fe weithredodd yr anghydnawsedd hwnnw â natur teigres: ar y briffordd rhwng Llanarth a Synod Inn fe drawyd y beiciwr gwamal yn gelain. Yr eiliad honno fe gollodd haul, gwynt a glaw'r Banc eu brawd, ei garneddau eu cynrychiolydd, ei sgwarnogod a'i gwningod eu hedmygydd, ei fuchod eu bardd mawl, a'i gefnffyrdd bererin digwmpâr o'r cynamserau.

Ond sbel cyn ei ymadawiad, fore'r saithdegau, roedd 'na siwrneiwr newydd filiynwaith cyflymach a mwy cymharus ag ysbryd yr oes wedi cyrraedd bro Onwy, er ei fod yntau hefyd yn un go elfennol ei anian. Ar hyd pellteroedd o wifrau'n dirwyn o bolyn i bolyn talsyth y daeth hwn, ond hyd yn oed gyda'r fath amlygrwydd yn fudan o anwel y cyrhaeddodd. Ei ddychmygu'n melltennu-chwerthin o'r gorwel dros y carneddau ar ei gledrau uchel ac yn sleifio i'r tyddynnod a'r ffermdai. Ac yno, dadlennu'i hunan ar lun petalau o oleuni dan ddistiau trymllyd, mewn llofftydd isel a sguboriau o we corynnod. Ac roedd ganddo'r panash i ddenu trugareddau clyfar o ddierth i'r hen geginau a'r claer fywydu yn eu corneli: setiau teledu'n gwyniasu gan newydd-deb a pheiriannau golchi'n hymian lle'r arferai'r twba anweddu cymylau a'r dwylo rwbio'n sebonog ar y sgrwbiwr. A phan ddigwyddwn innau ddod gartre'n hwyr, o ryw jant neu'i gilydd, doedd dim angen ymbalfalu am y matshys wrth y canhwyllbren ar ford y gegin bellach, roedd bys ar switsh ochor y drws yn ddigon i foddi'r tŷ mewn cenlli o olau.

Ar ôl i'r estron diddanus hwn ymsefydlu yn ein mysg, y nesa i'w moderneiddio oedd calon Esger Onwy'i hunan—y ffynnon. Roedd hi'n rheidrwydd bellach, yn ôl y weinyddiaeth, fod cyflenwad o ddŵr parod ar gael ym mhob beudy llaeth drwy'r wlad: bys o bolisi pell yn cyrraedd y llygad mwya anghyfannedd dan dalcen y brwyn ar waelodion Cae Gwair, Banc Siôn Cwilt. Ac roedd rheidrwydd o operasiwn i ddilyn: JCB yn agor mynwes y ddôl uwchlaw'r brwyndir i ddoctora'r brif wythïen, a honno'n byrstio'n wyllt drwy'r cnawdbridd wrth gael ei chanfod. Ei phibellu'n dwt wedyn tua'r ffynnon, cau honno mewn rowndin o goncrid, a gorchuddio'i enau â slabyn o faen dros y gloywder du. Yna, adeiladwyd nythle i'r enjin fach a oedd i bwmpio'r dŵr i fyny tua'r beudy, a suddo rhyw dri o bolion coed o gwr y clos dros y cae i redeg gwifren drydan i'w gweithredu. Yn union ar ôl troi'r switsh uwchben drws y sgubor clywid y peiriant obry'n deffro i'w guriadau, ac ymhen rhyw ugain eiliad sŵn arall a dorrai'n llaes dros y beudy a'r sgubor—llawenydd dŵr yn llanw'r tanc ar lofft y stabal tu ôl i dwll top y wal. Ond ambell waith, er oedi'n ddigonol, doedd dim sein ohono i'w glywed yn torri o'r nenfwd: yr enjin wedi nogio eto ac yn gwrthod gyrru diferyn i fyny am y buarth. Yn wir, dod mor gyfarwydd â'r stranciau hyn fel ag i fabwysiadu mesur o strategaeth i gwrdd â nhw, cynllun a oedd, gyda chyfran go sylweddol o amynedd, yn bur siŵr rywsut rywfodd bob tro o dwyllo'r gnawes o'i stwbwrndra i gyflawni'i phriod dasg: rhyddhau nyten fach ar ei thop, codi sosbaned o ddŵr gydag ochor y caead, dibaid ddiwel drwy dwll y nyten i lawr rywle i'w pherfedd, a disgwyl am sbonc o ymateb ffafriol. Os mai estynedig y cymell ar adegau, 'run fyddai'r arwydd pan oedd y styfnig yn gwyro at ufuddhau: *geyser* direidus yn saethu i'r uchder drwy dwll y nyten gan ddrensho'r sawl a ymdrechai i'w hailsymbylu. Golygai hyn ei bod mewn hwyl i delori arni am sesiwn arall o waith. I fyny yn y beudy roedd y dŵr i'w glywed eto'n ymdywallt i'r tanc, ac wrth agor y tap ger y shodren gwelid y biben alcathîn a ddisgynnai o'r to'n deffro hisian i ymbylsio fel sliwen ddu: y dechneg ddiweddara mewn asbri drachefn tan y pwl nesa o grydcymalau yn ei soffistigeiddrwydd.

Ond hynny neu beidio, roedd y bysedd modern wedi treiddio at y dirgelfannau mwya cynhenid. Buwch yn wasod hela ar y Waun, yr hen gyffroadau'n dirwyn ei chnawd. Ei chyrchu i'r beudy—prynhawn tarw potel. Ddwyawr wedi'r alwad ffôn: un o fois A.I. Felin-fach yn tynnu tiwben wydyr wen o darw o'i focs bach du ar lawr y shodren, ac yn bodloni dyhead Cochen mewn tawelwch clinigol, tra porai cynhyrchydd y ffrwyth wrth hyd o gadwyn filltiroedd i ffwrdd ar ddôl yn Nyffryn Aeron. Mor wahanol i rymusterau'r noson gyntefig honno ar glos Cefengrugos Fawr!

Ac i goroni'r nofelti fe gyrhaeddodd EJ 9971: Morris Minor o liw gwin. Swib o chwyldro oedd y sbin agoriadol: sgubol y crebachai'i fonet pwt y Banc, dileu'i gawodydd, gwareiddio'i wynt. Fe o hyn ymlaen, â Mair wrth ei lyw, a gariai fagiau siopa helbulus Anti Mag. Lliniarwyd hewl yr hwyrnosau beichus o Lanarth i Esger Onwy. Ond ni welai bellach mo'r Ladi Wen yn eistedd ar dro Garthddulw'd. Erlidiwyd hi i gwato unwaith ac am byth gan y lampau modern. Ymlidiwyd Ladi Ddu top Blaeneinion hefyd o dan fargod y rhic yn dragywydd. Ac ni welais innau drwy'r winsgrin wedyn chwaith mo'r hen Siôn Cwilt yn snecian ym mhant Sarne. Roedd mwstwr y Minor wedi'i ddychrynu yntau i ebargofiant y dwnshwn.

Ond eto i gyd daliai hyrddiadau o wreiddioldeb i dorri'n ddi-rwystr o'r hen darddellau o hyd fel ar y diwrnod clòs hwnnw o Awst ddechrau'r saithdegau. Gweld swanc o fodur yn stopio ar dop y lôn, a deuddyn o bilyn balch yn stepio ohono ac yn cychwyn swagro i lawr am y tŷ. Eu nabod wrth iddyn nhw nesu: meibion chwaer Anti Mag o Benygroes, Llanelli—un yn ddarlithydd a'r llall yn gyfrifydd. Daliai'r osgo'n hyderus hirgam am iet y clos, ond fel roen nhw'n union hwylio drwyddi fe droes rhythm y gosgeiddrwydd yn barlystod lletchwith: malwyd y bydysawd gan yffach o reiet o gyfeiriad y twlc yng nghefen y stabal—Anti Mag oedd wrthi'n brwydro bwydo rhyw fwbach anwar o lo gwryw a hwnnw'n ymateb gyda chwpwl o ergydion solet i'r bwced llaeth â'i ben carreg heb sôn am ddanheddu'i bysedd anogol hithau bob hyn a hyn yn y fargen. Gwibiai mellt ieithlas o gyfeiriad y talwrn ar yn ail â chresendo gymysg o sgrechfeydd a rhuadau, yn gwmws fel 'tai o leia hanner dwsin o lewod yn cael eu dofi yno. Ac yna . . . gostegodd y goleuni a diffoddodd y diasbedain: melyswyd yr awyr gan haul ac adar drachefn ond, er y stad ddychweledig o normaledd, dal yn eu hunfan sownd wrth gerrig bwlch y clos a wnâi'r proffesiynol. Credu mwy na thebyg nad oedd yr ennyd feichiog honno ond gronyn o interliwd i'r storm gael siawns i ailnerthu'i llengoedd at yr yfflonfa ddilynol. Ond na wir, cerddai'r eiliadau rhagddynt yn hafaidd wareiddiol; doedd 'run fath o arwydd fod unrhyw fath o ailfagu grymuster yn yr arfaeth. Ac ynghanol y llonyddwch ansicr 'ma i gyd dyma ffynhonnell y ddrycin yn ymddangos rownd cornel y stabal: cawres freichnoeth gyda chrochan o fwced mewn un dwrn, pastwn hirbraff yn y llall, pabell o frat yn rhedeg gan laeth, beret brown ar sgiw i lawr dros un llygad a her y sgarmes heb bylu ronyn o'r llall—ysbryd elfennol y Banc yn codi ar sgowt o'i phwerdy. Diango o gyfarfod rhwng bodau o ddwy blaned wahanol: yr aliwn mewn osgo o bensyfrdandod rhythol yn iet y clos a'r frodorol hithau 'run mor glwm o unllygeidiog syn ger cilbost drws y stabal!

Ie, cymeriad o ha oedd hwnnw. Mam a Jac Vobe dawel ei leferydd yn ymdrin â gogoniannau gwair ar dop Cae Lôn, a minnau'n dyst i gerdd arall o sgwrs, a'r tro hwn y mydr yn fwy telynegol ond y cynnwys 'run mor dreiddgar:

'Ma' hwn 'da'r ffeina mas, G'ladys.'

'Blwyddyn neilltuol!'

''Alle dyn f'yta fe'i hunan 'leni.'

''Nath hi wanw'n cynnar 'fyd, chwel.'

'Sdim byd yn well na dechre tyner i wair.'

'O's, ma' 'dag e fantes wedyn.'

'A ma'r tywydd hyn 'di 'gwyro'n fe'n berffeth 'fyd.'

'Ma' fe'n rwshal dim ond edrych ag e.'

'Fel brandi, on'd yw e.'

'Dyw e'm 'di ca'l 'i grasu ormod.'

'Jyst digon. Ma' nodd yn hwn.'

Ac un noson o'r Gorffennaf hwnnw troellai sawr y gwirod cyfoethoca drwy ddrysau agored y sgubor: roedd bêls Cae'r Ydlan a Chae Lôn o'r ansawdd mwya meddwol y tro 'ma, un maswedd o gynhaea gwair. Cyniweiriai awyrgylch y Gaseg Fedi o gylch y tyddyn, hen awydd dathlu gyda thafliad y bêl ola i ben y bragdy. Dyhead a yrrodd Ianto, Oliver Ddolwilym a minnau, dri chynaeafwr crasboeth, lawr i dafarn Penbont, Llanarth, i deyrngedu'r orchest. Ac yno, yn hen dafarn Shincin Moelifor gynt, ar fin y ffordd fawr ar waelod hynafol Llethi, yr yfwyd tan amser cau foliant i hanfod yr haf a lledrith un o'r cynaeafau gwair melyna mewn co'. Yfed y peintiau cochlyd, y greadigaeth yn fflamau o wyll i lawr dros y cwm i gyfeiriad Llanina, a'r hen locals ffraethbert wrthi'n ailgonsurio rhin a rhialtwch nosau tebyg pan oedd Shincin yn eu plith yn diarhebol anrhydeddu'r tymhorau gwair mwya sychedig a fu erioed.

Ffling ola'r hen fywyd: llechai wermwd y dad-ddathlu yng ngwinoedd y machlud hwn—roedd amser ar gychwyn cwnsela o ddifri unwaith eto â'r cyfoes, ac yn derfynol felly'r tro hyn; roedd tymhorau'n datgymalu, o un i un, ar olynu'i gilydd ar draws y Banc. Dechreuodd y gwanwyn canlynol esgor ar farwolaeth cyfnod. Ar fore ir o Fawrth wrth agor drws sièd car . . . gweld angau'n serennu'n goch yn llygad arian Lass. Llysywen o ast yn tuchan ar ei gwely gwellt, ei hanadl yn rhydu o fewn ei brest sidanwen ac yn ymludio'n lafoer yn ei safn. Pa ddiafol a fu'n rheibio yn ystod nos? Roedd hi mewn hwyliau gwibiol cyn noswylio. Brath o sylweddoliad: roedd y symptomau mor ddigamsyniol—roedd Lass yn rhy hoff o dreilla i lawr tua'r dymps, a'r tro hwn roedd wedi bwyta gwenwyn llygod ar wyneb y sbarion. Ond ymegnïodd i'w thraed; roedd am ymgymryd â'r wac arferol i'r Groesffordd. Ymlusgodd ar f'ôl i fyny'r lôn, ond rhyw ddecllath o'i thop—diffygiodd. Gwennol bedeircoes yn llegach ar lawr. Ei chario'n ôl, warthegydd arianfyw'r dwthwn, i farw ar wellt y sièd. Cyn pen chwarter awr torri bedd iddi yng nghornel Cae Bach dan flagur coeden eirin. Ac ynddo rhoi mellten liw pioden i fferru gyda'r gwanwyn yn llosgi drwy'r dreiniach o'i hamgylch.

Bore gemog o Fai. Digwydd sylwi fod Brown Ddolwilym yn dal i gysgu braidd yn hwyr, ac at hynny'n rhyw ymestyn ar led dipyn yn afrosgo, draw ar y codiad tir. Arferai fod ar ei thraed ymhell cyn hyn yn samplo'r borfa wlithog. Cyn hir gweld Dan yn ymlwybro i fyny tuag ati . . . a nabod wrth ei osgo bensyn drosti fod Brown wedi llithro'n dragywydd i ffwrdd o rynnau ac elfennau'i chynefin. Es draw ato:

'Ma'i 'di mynd, bachan.'

'Dipyn o oedran 'n'di, on'd o'dd e.'

'O'dd, o'dd hi'n tynnu 'mla'n.'

Cynildeb yn cyfleu pwysedd: llwythog sefyll yno'n dau uwchben un o'r brodorion mwya ufudd ddiwyd a welodd y Banc erioed: y llygaid serchus-frown bellach yn bilen bŵl, y tafod yn ddernyn o leder gydag ochor y wefl, a'r coesau ystwyth ewynnog a arferai chwerthin dan fflyd llwythi'r tymhorau yn foncyffion gwyw ar hyd y ddaear—celain canrifoedd o amaethu ar draws ychydig lathenni o dywarchen ar fore o wanwyn. Gwyddai yntau gystal â minnau mai hon oedd caseg waith ola'r bencydd.

Flwyddyn yn union wedyn cawsom ar ddeall fod Dan ei hunan yn bwriadu gadael Ddolwilym, sgytwad o newydd: y rhwymyn cynhenid rhwng yr etifedd a'i fam ddaear ar fin ei dorri. Ac yna, un bore arall o wenau yn dwyn amseroedd o dyddynna i ben: Dan a May'n cerdded i lawr y weun am y tro diwetha ddiwrnod y symud i'w cartre newydd nid nepell o Dalgarreg. Dydd anghyfannu'r elfennau, rheibio'r goleuni. Collodd y boreau, o hynny ymlaen, yr efell a hamddenai gyda nhw i fyny am y banc dan ganopi glas o fwg baco; y te deg ei efeilles fechan a gariai fasged bentyrrog allan i Gae Cefen Tŷ i droi'r lein ddillad yn glaerwen o ddawns; y prynhawniau ruglder eu sepyretor o'r llaethdy cyfyng yn dosrannu'r hufen o un swch a phistyll o laeth sgim i'r llall; y nosau eu pelydryn o gysur.

Teulu Ddolwilym: Elfed ar dde'r rhes ôl; Alun ar dde'r rhes flaen; Dannie i'r dde o'i fam; Oliver i'r chwith o'i dad.

111

Rhidyllwyd y Banc. Troes cymdogaeth yn hiraeth, swcwr yn golled. Ac roedd cenhedlaeth ola Esger Onwy hithau'n heneiddio; bu gaea'r ddwy flynedd nesa'n feichus a thywyll, ymlafnwaith erydu corff ac ysbryd, ac fe gyrhaeddodd yn ôl i stelcio'r tyddyn ddechrau Mehefin y flwyddyn ganlynol: agorwyd y gamfa rhwng Cae Lôn a Chae Bach i'r gwartheg larpio'r gwair ifanc. Cododd un ohonyn nhw'i phen gan rythu'n anghredadwy ar yr adwy lle'r arferai tair barben ddigyfaddawd sgleinio'n barhaus. Roedd hyn yn od; roedd rhywbeth o'i le; rhaid mai rhithlun y cyfan; allai'r fath olygfa ddim bod yn wir, doedd bosib. Ac eto . . . ymddangosai'r gagendor yn real ddigon hefyd. Rhaid oedd drifftio draw i brofi gwirionedd y ffenomen drosti'i hun . . . Nage wir, nid tric moni o gwbwl: roedd 'na dragwyddol heol iddi fwrw at y gwaharddedig pryd bynnag y mynnai. Ac mor ddiymdroi o frwdfrydig y manteisiodd ar y cynnig. Yn y cyfamser, wrth gwrs, roedd y gweddill hefyd wedi sylweddoli fod y nefoedd newydd agor, ac yn trotian-ruthro i ymuno â'r arloeswraig ynghanol y meillion. Rhyndod o ddarlun yn heulwen ha: haid o angenfilod â'u dannedd yn rhwygo'r cnwd gwair yn grop, yn tynnu cenedlaethau o gynaeafau'n grwn o'r gwraidd.

Ond roedd pris y prisiau i'w dalu am y gwanc: fe'u gwaredwyd i gyd—y buchod, yr eidionnau a'r lloi—o un i un, gan yr ha ola hwnna. Eithr fe gadwyd Liwsi tan yr hydre er mwyn cael llaeth i'r tŷ. Ac ar un o'r boreau cwta hyn a'r gwynt wrthi'n rhacso'r ha o'r ffawydd, digwyddes ddal Mam yn wylo'n ddistaw i'w hystlys wrth odro'r seinber i'r bwced, wylo diwedd hen hil y Banc ar wresogrwydd y fuwch ola un. Bythefnos wedyn, trympedwyd cnul y ddwy ynghyd gan y gwynt hwnnw. Hunlle o brynhawn: lorri â'i gatiau'n safnu am ddrws y beudy; Liwsi'n gwrthod syflyd o'i stâl—yr hil yn brwydro . . . brwydro i'r eiliad ola; crochwaedd dieithryn a min gwialen ar gnawd . . . Ac yna tawelwch, tawelwch byddarol diwedd byd: tai mas yn rhythu, ydlan noethlymun, caeau'n goeg, buarth o adfail, a dwy wraig oedrannus ar goll yn annhosturi'r gwynt.

Dridiau wedi'r mudo i Dalgarreg, fe ddychwelais i'r tyddyn i nôl y twba blodau a adawyd yn y cwrt. Gorweddai'r Banc o bobtu'n farugog gan henaint, ond gwyddwn fod y gwanwyn fel arfer yn ymffurfio'n ei fywyn. Roedd yr allwedd gen i o hyd. Es i mewn. Dim ond dyfnderoedd dros dri chwarter canrif i'm cyfarch yno, ffynhonnell yr ymddygnu i gyd. Ac yn union o flaen y grât roedd 'na ffrydlif o ddŵr glaw o'r simdde wedi ymgrynhoi'n bwllyn o ddagrau du.